임직자 훈련을 위한

우리 신학의 뿌리와 줄기

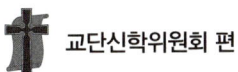 교단신학위원회 편

한국장로교출판사

머리말

안내자의 역할을 위한 교단신학위원회

교단신학위원회는 제106회기에 신설 조직된 총회 특별위원회입니다.

급속한 환경 변화에 따라 한국교회가 나아가야 할 방향을 제시하는 것은 신학자들만의 과업이 아니라 모든 목회자들이 함께 참여해야 할 과제이므로 이를 위하여 총회는 교단신학위원회를 조직했습니다.

한국교회 어머니 교단으로서의 분명한 위치를 확인한 지난 제106회 총회는 더 이상 주변 환경의 변화나 부서 조직의 변경에 따라 신학적인 방향이 흔들리는 일이 없어야 한다는 것을 전제로, 우리 교단만의 기본적인 신학적 특성을 정리해야 할 필요성이 있음을 강조하며 교단신학위원회에 하나님께서 한국교회에 주신 분명한 신학적인 기준과 방향을 제시해 줄 것을 요청하였습니다.

이 일을 위해서 먼저 일선 목회자들과 성도들이 우리 교단의 신학에 대해 바르게 이해할 수 있도록 기존 우리 교단의 신학적인 특성과 발표된 성명서나 글들을 중심으로 위원들이 정리한 교재를 발간할 것을 주문하였으나, 보다 분명한 교단 신학의 성격을 규명하는 데는 2~3년간의 시간이 필요하다는 사실을 확인하였습니다. 그래서 '한국교회의 바른 신학의 길잡이' 역할을 해야 하는 중요한 자리에 있는 교회의 평신도 직분자들을 위한 평신도교육용 교재를 먼저 발간하기로 한 것입니다.

이 교재는 교단신학위원들과 전문위원 전원이 자신들의 전공 분야를 살려서 담임목사가 직분자 임직교육이나 평신도교육을 직접 지도할 수 있도록 객관적이면서도 통일된 신학교재로 집필되었습니다. 특히 글의 눈높이를 교회의 일반 성도들이 읽어도 쉽게 이해할 수 있는 정도로 하되, 복잡한 이론이나 학문적인 설명보다는 일상적인 언어로 쉽게 설명했습니다. 무엇보다 감사한 것은 더 깊이 공부할 분들을 위하여 참고문헌을 소개하되 그룹 활동을 위한 토론 주제도 함께 제시한 것입니다.

이 일을 위하여 짧은 기간 동안 많은 수고를 해 주신 교단신학위원회 손윤탁 위원장님과 위원 여러분, 그리고 전문위원들에게 깊은 감사를 드립니다. 또한 실무를 위해 수고하신 교육훈련처 총무 김명옥 목사, 실장 이은미 목사에게 감사를 드립니다. 출판을 위해 애써 주신 한국장로교출판사 사장 박창원 장로 및 직원들께도 감사를 드립니다. 특별히 남대문교회가 1,500명의 총대들에게 이 책을 제공해 주심으로 새로운 도서의 출간을 널리 알려 주심에 감사드립니다.

이 일을 시작으로 한국교회의 어머니 교단인 우리 교단이 든든한 신학적 배경과 바탕으로 굳건하게 자리를 지켜, 한국교회의 여러 교단과 교파들뿐만 아니라 6만여 한국교회가 흔들리지 아니하는 바른 신앙과 신학 위에 굳게 설 수 있게 되기를 바랍니다.

2022년 9월
대한예수교장로회총회 총회장
류영모 목사

머리말 | 류영모 목사 _ 2

새들이 깃들일 수 있는 큰 나무로서의 교단 신학 | 손윤탁 목사 _ 6

하나님의 말씀으로서의 성경 | 조택현 목사 _ 14

한국 초기 선교사들의 신학과 특성 | 민경운 목사 _ 30

한국인의 종교적 특성과 우리 교단의 신학 | 배요한 목사 _ 48

우리 교단의 신학적 고백과 핵심 교리 | 김만준 목사 _ 63

마음과 목숨과 뜻과 힘을 통전하는 신학으로서의 기독교윤리학
| 노영상 목사 _ 84

목차

예배와 예전을 중심한 우리 교단의 신학적 특성 | 원도진 목사 _ 104

목회 조력자로서의 목회 이해 | 최광우 목사 _ 116

목회상담의 전인성 | 김예식 목사 _ 131

기독교교육의 기초 | 김치성 목사 _ 149

우리 교단의 디아코니아(Diakonia) 신학 | 최무열 목사 _ 168

우리 교단의 선교 이해 : 복음적인 에큐메니칼 선교 | 김윤태 목사 _ 184

우리의 선교신학 해설과 우리 신학 | 황순환 목사 _ 201

편집 후기 | 손윤탁 목사 _ 221

새들이 깃들일 수 있는 큰 나무로서의 교단 신학

손윤탁 목사(남대문교회)

1. 교단 신학의 기준

성경은 가감할 수 없다. 그래서 우리 교단은 첫째로 성경을 신학과 신앙의 뿌리로 삼는다. 어느 쪽으로 치우치거나 어느 한 부분에 치중하지 않는다. 어느 것을 버리거나 부분적인 것을 취하지 않는다. 성경을 있는 그대로 읽고 받아들인다. 취사선택해서는 안 된다는 말이다. 성경을 전체적으로 받아들이고 통전적(Holistic)인 안목으로 성경을 읽기 때문에 PCK 교단을 통합교단이라고 부른다.

뿌리도 튼튼해야 하지만 줄기가 실해야 한다. 둘째로 우리 교단의 신앙과 신학의 줄기는 2천 년 기독교의 역사이다. 모든 것이 다 성경에 기록되어 있는 것은 아니다. 주기도문(마 6 : 9-13)과 십계명(출 20 : 1-17 ; 신 5 : 7-21)은 성경에 나오지만 '사도신경'은 역사적으로 우리의 선배들이 고백해 온 신앙고백을 정리한 것이다. 개교회나 노회의 역사가 길고 짧은 것과 무관하다. 결코 신앙적인 전통을 무시하는 일이 없어야 한다.

이러한 뿌리와 줄기에 못지않게 중요한 것이 가지이다. 가지는 무성한 잎과 아름다운 꽃을 피운다. 그래서 세 번째로 신앙과 신학의 실제적인 열매를 강조한다. 관념적이거나 사변적인 신학이 되지 않아야 한다. 실천적인 신앙이 되어야 한다. 성경적(Biblical)인 말씀에 뿌리를 두고, 역사적(Historical)인 경험과 흔적이 줄기가 되어 오늘에 이르렀다고 해도 실제적이고 실천적(Practical)인 열매가 있어야 한다.

PCK 교단의 신학은 성경에 근거한 개혁자들의 신앙과 신학을 존중한다. 복음적인 개인 구원을 강조하면서도 실제적인 삶을 통하여 이웃과 세상을 향한 공적 복음을 강조한다.

2. 어머니 교단으로서의 위치

PCK 교단은 한국교회의 어머니 교단이다. 한국에는 수많은 교단들이 있고 교파들이 있다. 제각각의 신학적인 특성과 나름대로의 성격들을 가진 교단들이다. 그러나 한국교회는 처음부터 장로교가 뿌리를 내리고, 둥지를 틀었다. 이후 괄목할 만큼 성장하였으나 수많은 교단으로 분리되었다는 것은 참으로 안타까운 일이다. 그러나 언제나 그 중심에 서서 묵묵히 흔들림 없이 그들을 포용하고 품어 준 교단이 우리 교단이다. 어머니는 편협하거나 옹졸하지 않다. "그럴 수가 있나?"가 아니라 "그럴 수도 있구나?", "either A or B"가 아니고 "Both A and B"라는 입장을 견지해 왔다. 성경 안에서, 성경을 가감하지 아니하고 굳건한 모성애를 가지고 한국교회를 지켜 온 교단이다. 큰 나무로서의 통합교단은 수많은 가지에 새들이 찾아와 깃들이며 둥지를 틀 수 있는 자리를 마련해 주었다.

하나님은 우리 교단을 한국교회의 어머니 교단으로 삼아 주셨다. '복음적 에큐메니즘'을 이야기하고, 중심에 선 신학으로서의 통전성을 강조하는 것은 풀과는 다른, 새들이 와서 깃들일 수 있어야 하는 큰 나무이기 때문이다(마 13 : 32). 에서나 르우벤과 같은 장자(長子) 중심에서 벗어나 따뜻하고 온유하며, 능히 세상을 품을 수 있는 어머니를 이야기하는 것은 교단적인 성격만을 두고 이야기하는 것이 아니라 모든 교회가, 그리고 모든 성도들이 어머니와 같은 마음으로 세상을 품고 기도하며, 새신자들을 양육하고, 교회를 섬겨야 한다는 것이다.

3. 생명력을 가진 생태 숲의 조성

교회도 바르고 건전한 생태 숲이 조성되어야 자율적으로 성장할 수 있다. 교회들이 모여 교단이라는 생태 숲을 이루는 것도 중요하지만 지 교회가 살아 숨쉬는 생태계를 조성하여야 한다. 꽃이 피고 열매를 맺는 것은 가지들이다. 물론 가지는 나무에 붙어 있어야 한다(요 15 : 4). 가지가 나무와 분리되는 순간 생명을 잃게 되고, 열매를 맺을 수도 없기 때문이다. 이왕 열매를 맺으려면 좋은 열매를 맺어야 한다. 못된 나무가 아름다운 열매를 맺을 수 없다(마 7 : 17-18). 그래서 주님은 십자가 위에서 자신의 몸을 던져 부족한 우리를 좋은 나무에 접붙여 주셨다(롬 11 : 17). 좋은 열매를 맺는 나무에 접붙이셨다(롬 11 : 23-24). 많은 열매, 좋은 열매, 아버지께서 영광을 받으실 귀한 열매를 맺어야 한다. 이 일을 위하여 "목사와 협력하여 행정과 권징을 관장하는"(헌법 정치 제6장 제39조) 직분자로서의 장로가 있다. 이들은 '교인들의 대표'로서 '교회의 대표'인 목사가 교회를 다스리는 일을 돕는다. "교회를 봉사하고, 헌금을 수납하며, 구제의 일을 담당하는"(헌법 정치 제8장 제50조) 일꾼으로 집사로 세움을 받고, 교인들을 일일이 돌보는 평신도 지도자로서의 권사는 "교역자를 도와 어려운 자를 심방하고 위로하며 덕을 세우는"(헌법 정치 제7장 제52조) 헌신자로서의 역할을 감당한다.

교회라는 생태계는 큰 나무만 자라는 곳이 아니다. 오히려 숲이 중요하다. 다양한 수목이 형성되어야 건전한 생태계가 조성된다. 통합교단은 자신만을 위하여 일하는 교단이 아니다. 어머니의 마음으로 군소교단을 품는 것은 물론 장자교단이라 자처하는 큰 교단들과도 연합하는 일을 주저하지 않는다. 다양한 소리를 듣고 그들과 함께 주의 일을 감당하다 보면 힘든 일도 있지만 쓸데없는 오해로 인하여 어려움을 겪기도 한다. 특히 나라와 민족을 위하여 큰 나무로서의 그늘을 제공하는 과정에서 당하는 고통들이 있었다. 우리의 선배들이 나라의 독립을 위하여 천도교인들과 불교도들과도 연대하여 "대한 독립 만세!"를 불렀던 것처럼 소위 JPIC로 불리는 정의와 평화, 창조질서의 보존을 위하여 타 종교인들과도 손을 잡고 WCC운동에 동참한 이 일을 두고 수많은 비난과 욕설을 받아 왔고, 교회에 따라서는 엄청난 손실을 겪기도 하였다. 우리 교단은 철저한 복음주의 교단이다. 예수 그리스도만이 유일한 구원임(요 14 : 6, 행 4 : 12, 갈 1 : 8)을 선포한다. 그러나 구원받은 하나님의 백성들은 사회와 이웃을 위하여 문화적 명령을 수행하여야 할 책임(창 1 : 27-28, 9 : 1)이 있다. 그래서 에큐메니칼 정신으로 같은 신앙을 가진 교단과 교회들과의 연합도 필요하지만, 사회단체들과 타 종교와의 연대를 통하여 하나님 나라를 실현해 나가는 일에 앞장서고 있다.

4. 큰 나무로서의 역할과 사명

자기 밭에 심은 겨자씨 한 알은 지극히 작고 보잘것없는 것처럼 보이지만, 자란 후에는 큰 나무가 된다(마 13 : 31). 예수님께서 친히 말씀하신 하나님 나라(天國)의 비유이다.

풀과는 다른 나무, 새들이 깃들일 만큼 크게 자란 PCK 교단은 우리 교단 신학의 뿌리가 성경임을 더욱 분명히 해야 한다. 개혁자들과 신앙의 선배들이 가꾸어 온 역사의 줄기를 견실하게 붙잡아야 한다. 그리고 아름다운 열매를 맺어야 할 가지로서의 역할이 무엇인지 확실하게 하여야 한다. 바른 신앙관을 가질 수 있도록 물을 뿌리고, 비료(거름)를 주는 일도 중요하다.

물론 목회자들은 성도들을 위하여 이미 신학 교육을 받았고, 교회의 영적 지도자로 세움을 받았으나 그 이후에도 신학적인 훈련을 게을리 하는 일이 없어야 한다. 그러나 정작 큰 나무의 가지로서 자기 역할을 다해야 하는 이들은 평신도 지도자들이다. 하나님의 자녀로서, 하나님 나라의 백성으로서, 거룩한 교회의 일원으로서 특권을 소유한 만큼 주어진 책임과 역할이 적지 않다. 당장 알곡과 가라지를 구별할 줄도 알아야 하지만 자기 보화를 바로 깨달아 발견하는 일도 중요하기 때문이다.

언제나 한쪽으로 치우친 신학이나 신앙을 경계하여야 한다. 중도나 세상에서 말하는 중용도 주의해야 하지만 더욱 조심해야 할 일은 무조건적인 포용주의나 혼합주의다. 이미 강조한 것처럼 우리 교단이 이야기하는 통합, 혹은 통전의 의미는 성경이라는 절대적인 기준을 가지고 있다. 성경을 가감할 수 없다는 것을 전제로 성경 안에서 나에게 유용한 것이라고 하여 취하거나 마음에 들지 않는다고 해서 버릴 수 없는 총체로서의 통전적이다. 중도의 신학, 중심에 선 신학이라는 말도 마찬가지다. 단순한 위치로서의 한중간을 의미하는 중심이 아니다. '중심을 잡는다'는 말은 균형과 조화를 뜻하며, '중심에 서 있다'는 말은 치우치지 않는다는 의미이다. 단순히 이론적이거나 사변적인 신학이 되지 않기 위하여 이제 신학의 영역과 분야에 따라 구체적이면서도 체계적인 내용들을 확인해 보려고 한다.

5. 교재의 내용과 구체적인 활용 방안

신학은 교회의 학문이다. 신학은 하나님의 학문이다. 동시에 하나님에 대한 학문이 신학이다. 그러나 인간이 하나님에 대하여 알고 그의 뜻을 깨달아 실천하는 것은 거의 불가능하다. 그래서 신학자들은 신학을 하나님에 의한 학문이라고 한다. 중요한 것은 신학은 목회자들만의 학문이 아니라는 것이다. 교회의 머리이신 예수 그리스도의 몸 된 교회의 학문이다. 교회의 지체 된 성도들에게도 기본적인 신학이 필요하다. 실제적으로 누구에게든지 자기 신학이 있다. 그것이 얼마나 보편적이고 옳은 것인가 하는 것의 문제일 뿐이다. 하나님이 없다는 무신론자들에게도 자기 나름대로의 소신이 있지만, 이것을 두고 우리가 신학이라고 하지는 않는다. 그래서 타 종교에서는 신학이라는 용어를 사용하지 않으며, 인정하지 않는 것은 신학이 하나님의, 하나님에 의한, 하나님에 대한 학문이기 때문이다.

이 교재는 평신도 지도자들을 위한 교육과 훈련교재로 편찬되었다. 무엇보다 피택자 훈련을 염두에 두고 편집된 내용들이다. 그러나 누구나 이 교재를 읽고 우리 교단 신학의 기초를 알고 바른 신앙 위에 설 수 있도록 해야 한다는 당위성을 가지고 제작되었다. 하나님께서 세워 주신 모(母)교단의 위치에서 큰 나무로서의 자긍심도 중요하지만, 군림하는 자세가 아닌 겸손한 마음으로 교회와 이웃을 섬겨야 한다는 것을 전제로 한 교재이다. 세상과 세속을 초월하는, 풀과는 다른 나무로서의 긍지도 필요하지만 큰 나무의 그늘은 쉼을 제공하여야 하고, 가지는 새들이 깃들일 수 있는 장소가 되어야 한다는 교단적 위치를 염두에 두고 본 교재를 대하였으면 하는 바람이다. 장자교단이든 모교단이든 권위적인 냄새가 난다는 소리를 듣게 될 때도 있지만 중요한 것은 마음이다. 어머니의 마음이며, 손길이다. 양육과 보살핌에는 포용과 인내가 필요하다. 쉬운 말로 양육자가 되면 나도 자라야 하지만 성도들에게도 영적인 성장에 필요한 지식이 제공되어야 한다.

교재를 집필한 분들은 교단신학위원회의 위원들이다. 신학을 가르치고 강의한 분들도 계시지만 현재는 전문위원들을 제외한 위원들은 모두 현직 목회자들이다. 그러나 학문적으로는 전공 분야의 최고의 학위를 소지한 분들임을 강조하는 것은 이 교재의 성격과 가치를 이야기하고 싶기 때문이다. 교재의 심층적인 연구와 토론을 위하여 매 과마다 토론 주제를 제시하였으며, 개인적으로 더 깊은 연구를 할 수 있도록 참고문헌을 함께 소개하였다. 자세한 것은 언제든지 담임목회자의 훈련이나 교육방침에 따라 임의로 적용할 수 있으며, 집필자의 성함을 밝힘으로 목회자들에게 신학적인 조언이나 자료를 제공할 수 있도록 배려하였다.

우리 교단의 신학과 신앙의 지침을 바로 세우는 일에 더욱 힘쓸 것을 다짐하며, 더욱 심층적인 연구를 통하여 수년 내에 종합적이고 체계적인 '교단 신학 지침서'를 발간하게 될 것을 약속드린다. 평신도 교재로서『임직자 훈련을 위한 우리 신학의 뿌리와 줄기』의 출간을 위하여 수고해 주신 여러분들에게 깊은 감사를 드린다.

/ 토론주제

1. 평신도 지도자들에게도 신학이 필요한 이유를 서로 이야기해 봅시다.
2. 우리 교단의 신학의 기준이 무엇인지 다시 한 번 정리해 봅시다.
3. 우리 교단의 신학이나 신앙 노선에 대하여 이해가 되지 않는 점들을 미리 정리함으로 이 교재를 공부하는 동안 그 궁금증이 어떻게 해결되었는지 확인해 봅시다.
4. 우리 교단을 어머니 교단이라고 하는 이유와 어머니 교단으로서의 역할이 무엇인지 예수님의 천국 비유 중 '겨자씨 비유'를 통하여 확인해 봅시다.
5. 교단 신학의 특성을 아는 대로 정리해 보고 앞으로 공부하게 될 내용들을 잘 알고 깨달을 수 있도록 지혜를 구하며 함께 기도합시다.

/ 참고문헌

1. 총회에큐메니칼위원회. 『복음과 에큐메니칼 신앙』. 서울 : 한국장로교출판사, 2021.
2. 장로회신학대학교대학부. 『신학함의 첫걸음』. 서울 : 예영커뮤니케이션, 2002.
3. 손윤탁. "성서적 입장에서 본 통전적 선교신학." 『선교와 신학』 제7집. 서울 : 장로회신학대학출판부, 2001.
4. 성석환. 『공공신학과 한국 사회』. 서울 : 새물결플러스, 2019.
5. 대한예수교장로회총회문화법인. 『문화목회를 말한다』. 서울 : 대한기독교서회, 2017.

하나님의 말씀으로서의 성경

조택현 목사(광주서남교회)

1. 들어가는 말

성경의 원저자는 하나님이시다. 하나님은 창세기부터 요한계시록까지 구약 39권과 신약 27권, 도합 66권에 이르는 모든 성경의 저작에 관여하시며 총괄하셨다. 하지만 하나님께서 직접 쓰신 것은 아니다. 하나님은 사람에게 성경을 쓰도록 하셨다. 이때 하나님은 사람의 눈에 보이지 않는 하나님의 방법을 사용하셨다. 성령님을 통하여 성경을 쓰는 저자의 영을 감동시키신 것이다. 성경 각 권을 손으로 직접 쓴 저자는 사람이지만 그 모든 저작의 시작과 과정과 결과는 하나님의 주관 아래 이루어졌다. 하나님은 하나님이 어떤 분인지, 세상은 어떻게 창조되었는지, 인간이 어떻게 죄를 짓게 되었는지, 그 죄인을 어떻게 구속하셨는지, 죄인을 어떻게 성화시키시는지, 세상은 어떻게 종말을 맞이할 것인지, 종말 이후 심판은 어떻게 이루어질 것인지에 관해 알려 주시려고 창조 이래 모든 시대의 사람들을 위하여 성경을 쓰셨다.

이처럼 하나님께서 하나님과 하나님의 뜻을 드러내 보여 주시는 책이 성경이다. 그런 점에서 성경은 계시이다. 하나님은 사람의 눈에 감추어져서 미처 보지 못하고 알지 못하는 것들을 성경을 통하여 밝히 드러내 주신다. 성경이 문자로서의 계시라고 한다면 예수 그리스도는 인격으로서의 계시이시다. 때문에 문자 계시인 성경을 보면 하나님께서 어떤 분이고, 무슨 일을 하시고, 어떻게 역사를 움직여 가시는지 알 수 있으며, 또한 인격 계시이신 예수 그리스도를 보면 겸손과 섬김과 사랑을 갖고 계시는 하나님의 성품을 알 수 있다. 그 예수님께서 곧 말씀이시다. 예수님은 태초에 말씀으로 계셨고(요 1 : 1) 말씀이 육신이 되어 우리 가운데 오신 분(요 1 : 14)이기에 그렇다. 오늘도 하나님은 예수님을 통하여, 성경을 통하여 항상 우리에게 말씀하신다.

2. 성경의 구전과 기록과 편집

하나님은 말씀으로 가르치시고 권면하시고 계시하신다. 여기서 말씀은 성경을 의미한다. 성경은 분명히 하나님의 말씀이지만 사람의 손으로 썼다. 이 역설이 어떻게 성립할 수 있는가? 성경 저자는 성경을 쓸 때 자기의 창작력과 상상력대로 쓰지 않았다. 저자가 성경을 쓸 때 하나님은 그의 마음과 생각과 뜻 등 모든 것을 지배하셨다. 저자는 자기 속에 역사하시는 성령님의 감동을 입은 채 하나님의 말씀을 기록하였다.

성경이 기록되기 전에 먼저 구전(Oral Tradition)이 있었다. 구전은 하나님의 말씀이 일찍이 사람의 입술을 통하여 전해진 것을 가리킨다. 문자를 기록할 수 있는 필기도구나 토판, 양피지 같은 것이 만들어지기 전에 하나님의 말씀은 입에서 입으로 전해졌던 것이다. 구전 다음에 기록이 있었다. 기록(Writing)은 구전된 말씀을 문자로 담아내는 과정이다. 이렇게 기록된 말씀은 문서의 형태를 가진 채 여기저기 흩어져 있었다. 이 성문서들을 책별로, 장르별로 모으는 작업이 있었는데 이것이 편집(Compilation)이다. 이처럼 성경의 구성은 구전, 기록, 편집의 단계로 이루어졌다.

3. 정경의 형성

정경(Canon)이란 말은 기준이나 표준을 뜻하는 헬라어 '카논'(κανων)에서 유래한다. 정경은 많은 성문서들 가운데서 교회가 권위 있는 경전으로 받아들인 책을 가리키는 말이다. 위경은 문자 그대로 표현하면 유사(비슷한) 경전인데, 그 내용이 정경의 기준과 맞지 않아서 교회의 채택을 받지 못하였다. 외경 역시 정경의 기준을 충족하지 못하여서 포함되지 못한 책을 말한다.

개혁교회의 구약성경은 율법서, 역사서, 시가서, 예언서의 순서를 가진다. 유대인들은 이와 달리 토라(율법서), 느비임(예언서), 케투빔(성문서)의 세 부분으로 구분했다. 토라는 창세기, 출애굽기, 레위기, 민수기, 신명기이며 주전 400년경에 성경으로 받아들여진다. 에스라는 기록된 형태의 토라를 바벨론으로부터 예루살렘으로 가지고 왔으며 이스라엘 공동체는 그것을 모세의 율법책으로 인정한다(느 8 : 1). 예언서 중에서 전기 예언서는 여호수아, 사사기, 사무엘상하, 열왕기상하이며 후기 예언서는 이사야, 예레미야, 에스겔과 12소선지서인데 12소선지서는 호세아, 요엘, 아모스, 오바댜, 요나, 미가, 나훔, 하박국, 스바냐, 학개, 스가랴, 말라기이다. 전기 예언서는 주전 650~550년경에, 후기 예언서는 늦어도 다니엘이 나타난 주전 167년 이전에 성경으로 받아들여졌다고 볼 수 있다.[1] 성문서는 시편, 잠언, 욥기, 솔로몬의 아가, 룻기, 예레미야애가, 전도서, 에스더, 다니엘, 에스라-느헤미야, 역대기상하이다. 이 책들 중 일부는 주전 4세기 또는 3세기에 기록되었고 적어도 한 책(다니엘)은 주전 2세기에 기록되었다.[2] 대략 위와 같이 추정할 뿐 구약성경 모든 책의 기록 연대를 정확하게 파악하기는 어렵다. 주후 90년 유대교의 얌니아(Jamnia) 공의회는 총 39권을 구약의 정경으로 최종 확정한다. 이 과정에서 알렉산드리아의 유대인들은 헬라어 구약성경인 칠십인역(LXX)에 외경까지를 포함하였고 히브리어 성경과 그 배열 순서를 달리했다. 개혁교회의 구약성경은 칠십인역과 라틴어 역 불가타(Vulgata)의 배열 순서를 그대로 따 왔다. 구약성경으로 총 39권을 포함한 것은 개혁교회나 유대교나 다름없다.[3]

초대교회의 정경 선정의 기준은 사도가 저작했느냐 하는 것이다. 그들은 예수님께서 보내신 사도들로서 권위를 갖고 있었고 공생애의 직접적인 목격자들로서 그 증언은 참된 것으로 인정되었다. 승천 이후 사도들은 예수님의 말씀과 행적을 전파했다. 처음에는 구전으로 전승되었고 이후 문서로 만들어졌다. 맨 처음에 기록되고 수집된 책은 바울서신이다. 주후

---

1) 다니엘은 그 내용에 비추어 볼 때 예언서로 분류되어야 할 책인데 히브리어 원어 성경에서는 성문서 속에 들어 있다. 이는 다니엘이 나타날 무렵에는 이미 예언서들이 종결, 확정되었기 때문에 그 이후에는 예언서가 더 이상 추가될 수 없었다고 볼 수 있다. 박창환, 『성경의 형성사』(서울 : 대한기독교서회, 1997), 49-50.
2) 위의 책, 53.
3) 위의 책, 27-28.

140년경 바울의 열 개 서신이 확정된다. 이후 거기에 디모데전서와 디도서가 포함된다. 사복음서는 처음부터 하나님의 진리와 그 영이 깃들인 책이어서 정직하게 진리를 탐구하는 독자들에게 감화를 주고 진정한 복음으로 받아들일 수 있는 책이라고 인정받는다. 오리겐은 사복음서만이 하늘 아래 하나님의 교회에서 이의를 받지 않은 책들이라고 말하였고, 유세비우스는 사복음서를 가리켜 거룩한 4권의 복음이라고 말한다. 주후 200년 이전에 사복음서는 절대적인 권위를 가졌고 교회의 기본 문서가 되었다.[4] 공동서신은 가장 늦게 수집되었다. 사도들에 의해 기록되었다는 사실이 불확실했기 때문이었다. 사도행전은 신약성경에 끼어들어 복음서와 서신을 연결하는 적절한 다리 역할을 하기 전까지 어떤 특수한 수집물 속에 있지 않았다. 그러나 이후에 예수의 생애와 서신이 기록된 때와의 사이를 자연스럽게 연결해 주는 책으로 인정받게 된다. 요한계시록은 처음에는 널리 알려졌고 인정받았지만 2세기 후반에 이르러서는 묵시서들이 그 인기를 잃게 된다. 종말의 약속이 성취되지 않아 그 신빙성이 상실되었기 때문이었다. 일부의 반대가 있었지만 요한계시록은 나중에 정경으로 채택된다.[5] 교회를 계속 위협하는 이단이 출현하면서 신약성경을 정경화해야 할 필요성이 대두되었다. 이에 교회는 주후 397년 카르타고에서 신약 27권을 정경으로 확정한다. 정경의 형성은 외부의 강제나 사람의 의지에 의한 것이 아니었다. 성령님의 감동 아래 성경 본문 스스로가 가지고 있는 권위와 진리성, 설득력 등에 의해 이뤄졌다.

---

4) 위의 책, 94-97.
5) 위의 책, 98-99.

4. 성경이 갖는 현재성

하나님은 과거에 말씀하셨고, 현재에 말씀하시고, 미래에도 계속 말씀하실 것이다. 과거, 현재, 미래 각각의 관점에서 볼 때 하나님의 말씀은 항상 여전하고 변함이 없다. 그런 의미에서 하나님의 말씀은 모든 시대를 뛰어넘어 늘 동일하며 늘 현재진행형이다. 하나님은 성경을 읽는 독자가 자리하는 '지금 여기에서'(now and here) 말씀하신다. 그럼에도 불구하고 성경이 과거에 기록되었다는 역사적 사실은 분명하다. 성경이 기록된 과거와 그 성경을 보는 현재 사이에는 시대 차이가 존재한다. 또한 과거의 독자와 현재의 독자 사이에는 이해 차이가 있기 마련이다. 역사적으로 볼 때 각 시대를 살았던 시대 사람이 있고, 그 사람들이 만들어 낸 시대 경향이 있으며, 그 경향을 통해 나타난 시대 문화가 있고, 그 문화는 시대 정신을 만들어 낸다. 성경은 이 시대적인 것들을 모두 담아내는 한편(성경의 포용성), 그 시대적인 것들을 초월한다(성경의 초월성). 성경이 갖는 그 포용성과 초월성은 늘 현재성을 갖는다. 어느 시대, 어느 곳을 막론하고 성경은 늘 현재를 말씀한다. 그것은 임마누엘에서 명백하게 입증된다. 과거에 우리와 함께하신 하나님은 지금 우리와 함께하시며 미래에도 똑같이 함께하실 것이다. 하나님의 말씀 역시 태초에도, 예수님께서 이 땅에 오신 때에도, 그리고 종말 때도 여전히 시대를 뛰어넘는 하나님의 말씀이다.

5. 성경의 영감설

1) 축자영감설(Verbal Inspiration)

축자영감설은 성경의 모든 글이 하나님의 영감으로 기록되었기 때문에 단 한 글자도 틀림이 없다는 근본주의자들의 입장으로서 성경을 잘못 보게 하는 극단적인 주장이다. 축자영감설은 문자적 성경 이해인 성경문자주의와 함께 거론되곤 한다. 개혁교회의 성경해석 기준인 역사비평방법을 거부한다. 성경에는 영이 깃든 글자와 문장으로 구성되어 문자적으로 오류가 없다고 보아 성경을 문자적으로 해석하는 것이 최선이라고 주장한다. 성경의 모든 내용을 과학적 사실로서나, 역사적 사실로서도 틀림이 없다고 보는데 그것은 선지자, 사도들이 성령님의 강권적인 인도에 따라 썼기 때문이라고 주장한다. 디모데후서 3 : 16~17, 갈라디아서 3 : 15, 베드로후서 1 : 21 등이 축자영감설의 근거로 제시되곤 한다.

2) 유기적 영감설(Organic Inspiration)

하나님께서 성령님을 통하여 저자를 감동시키는 데 있어서 그의 마음과 성품과 기질과 은사와 재능과 지식을 충분히 사용하게 하되, 저작에 영향을 줄 수 있는 죄성을 배제하여 오류 없이 기록하게 했다는 주장이다. 유기적 영감설은 정통 개혁교회의 입장으로서 우리 교단은 이 주장을 받아들인다. 성경의 출처는 하나님이시며, 기록자들은 다만 하나님의 뜻을 수용하고 선포하는 역할만 담당했다는 사실을 강조한다. 성경을 쓴 저자 자신이 가진 지식과 문화 속에서 각각의 독특한 문체와 용어로 표현했다는 점과 자기가 처한 개인적 특성과 시대적 특징을 따라 기록했다는 점을 부인하지 않는다.

6. 성경을 어떻게 보아야 하는가?

1) 예수님의 성경 해석

산상수훈에서 예수님은 당신께서 이 땅에 온 목적이 율법이나 선지자를 폐하려는 데 있지 않고 완전하게 하려는 데 있다고 천명하면서 천지가 없어지기 전에는 율법의 일점일획도 결코 없어지지 아니하고 다 이루어질 것이라고 말씀한다(마 5 : 17-18). 율법을 폐하지 않는다는 예수님은 율법의 보존에 관하여 보수적인 입장을 취하신다. 그러나 6가지 반제(Anti-These)[6]를 설명하시면서 예수님은 어떤 말씀에 관하여는 보수적인 입장을, 또 어떤 말씀에 관하여는 진보적인 입장을 취하신다(마 5 : 21-48). 여기서 예수님의 명백한 기준은 율법을 하나님의 뜻을 중심으로 하여 보는 것이었다. 문자에 사로잡힌 전통적인 성경 보기를 지양하고 하나님의 뜻을 중심으로 하는 성경 보기를 지향해야 함을 제시한다. 그 기준 아래 예수님은 메시야이자 하나님의 아들로서의 권위를 갖고서 6가지 말씀 중에서 어떤 말씀은 강화하고 어떤 말씀은 지양한다.[7] 이로써 예수님은 성경의 궁극적인 해석자요, 이로써 율법을 완전하게 하는 완성자이심을 드러내신다.

---

6) 6가지 반제는 다음과 같다 : 1) "누구든지 살인하면 심판을 받게 되리라 하였다는 것을 너희가 들었으나 나는 너희에게 이르노니…… 형제를 대하여…… 미련한 놈이라 하는 자는 지옥 불에 들어가게 되리라"(마 5 : 21-22), 2) "또 간음하지 말라 하였다는 것을 너희가 들었으나…… 음욕을 품고 여자를 보는 자마다 마음에 이미 간음하였느니라"(마 5 : 27-28), 3) "또 일렀으되 누구든지 아내를 버리려거든 이혼증서를 줄 것이라 하였으나…… 누구든지 음행한 이유 없이 아내를 버리면 그로 간음하게 함이요"(마 5 : 31-32), 4) "또 옛 사람에게 말한 바 헛 맹세를 하지 말고 네 맹세한 것을 주께 지키라 하였다는 것을 너희가 들었으나…… 도무지 맹세하지 말지니"(마 5 : 33-34), 5) "또 눈은 눈으로 이는 이로 갚으라 하였다는 것을 너희가 들었으나…… 악한 자를 대적하지 말라"(마 5 : 38-39), 6) "또 네 이웃을 사랑하고 네 원수를 미워하라 하였다는 것을 너희가 들었으나…… 너희 원수를 사랑하며 너희를 박해하는 자를 위하여 기도하라"(마 5 : 43-44).

7) 살인하지 말라는 계명은 형제에게 노하는 것조차 금하는 것으로(마 5 : 21-26) 강화하고, 간음하지 말라는 계명은 음욕을 품고 여자를 보는 자마다 마음에 이미 간음하였다는 것으로 강화하고, 이혼증서를 써 주면 아내를 버릴 수 있다는 계명은 음행한 연고 없이 아내를 버리면 그로 간음하게 하는 것이라면서 강화하고, 네 맹세한 것을 주께 지키라는 계명은 도무지 맹세하지 말라는 것으로 지양하고, 눈은 눈으로 이는 이로 갚으라는 계명은 악한 자를 대적하지 말라는 것으로 지양하고, 네 이웃을 사랑하고 네 원수를 미워하라는 계명은 너희 원수를 사랑하며 너희를 박해하는 자를 위하여 기도하라는 것으로 강화한다.

2) 바울의 제안

바울은 율법조문은 죽이는 것이지만 영은 살리는 것이라고 말한다(고후 3 : 6). 여기서 바울은 성경의 글자를 뜻하는 율법조문과 성경의 뜻을 의미하는 영을 대비시킨다. 율법조문이란 표현은 성경 속에 담겨진 하나님의 뜻보다는 글자 그 자체에 집중하는 것을 의미한다. 그에 비하여 영이란 표현 속에는 말씀을 볼 때 성령님의 감동을 입어 하나님의 뜻을 보아야 한다는 권면이 들어 있다. 바울이 이렇게 말하는 배경에는 유대율법주의자들의 성경 보기가 있다. 그들은 특히 율법조문을 중시하여 문자적인 성경 보기에 치중한다. 문자 이면에 들어 있는 하나님의 뜻보다는 율법을 문자적으로 보는 나머지 율법의 본래 뜻을 놓치는 우를 범한다. 그들은 율법을 가지고 토론하는 가운데서 논리적인 발전을 거둘 수 있었을지 몰라도 그 율법 속에 나타나는 하나님의 뜻을 발견할 수는 없었다. 바울은 그래서 율법조문보다는 영을 중심으로 한 성경 보기를 제안한다.

3) 통전적 성경 보기

모든 성경은 하나님의 감동으로 된 것으로 교훈과 책망과 바르게 함과 의로 교육하기에 유익하다(딤후 3 : 16). 여기서 모든 성경이란 독자의 입장에서는 창세기부터 요한계시록까지의 모든 말씀을 의미한다. 성경이 하나님의 계시라는 사실은 자명하다. 따라서 성경은 통전적으로 보아야 한다. 각각의 책이나 각각의 구절을 취향에 따라 선별적으로 보거나 편향적으로 보면 성경 전체를 통하여 말씀하시고자 하는 하나님의 뜻을 파악하지 못한다. 그럴 경우 성경을 통하여 하나님을 이해하기보다는 오히려 오해하게 된다. 만약 구약을 중심으로 읽고 신약은 차치한다면, 반대로 신약을 중심으로 읽고 구약은 차치한다면 전체적인 하나님의 뜻을 아는 데 제약과 제한이 생길 수밖에 없다. 한편으로 복수하시는 하나님을 보면서 또 다른 한편으로 죄인을 위하여 스스로 죽으시는 하나님을 보아야 한다. 거룩한 전쟁을 통하여 적을 철저하게 응징하시는 하나님을 보면서 동시에 원수까지도 사랑하라고 하신 하나님을 보아야 한다. 바울서신에 나타난 믿음만 볼 것이 아니라 야고보서에 나타난 행함도 보아야 한다. 그래야 한쪽으로 편향되는 성경 보기를 지양할 수 있다. 통전적으로 보아야 한다는 것은 모든 성경이 다 하나님의 뜻 가운데서 쓰여지고 편집되었다는 한 가지 사실만으로도 충분히 설득력을 갖는다. 하나님은 성경을 골고루 읽음으로써 하나님의 뜻을 편향되지 않고 올바르게 알기 원하신다.

4) 예수 중심적 성경 보기

성경은 각 시대에, 각각의 저자에 의해 기술되었다. 따라서 당시의 시대적 상황과 저자가 겪은 삶의 정황이 무엇이었는지 살펴보아야 한다. 성경은 일견 비슷한 내용을 갖는 것 같지만 경우에 따라서 상당히 다르게 읽힐 수 있다. 예컨대 바울서신은 믿음을 강조하는 데 비하여 야고보서는 행함이 없는 믿음은 죽은 것이라고 말한다(약 2 : 14-26). 이방 기독교 지도자인 바울은 이른바 예수 그리스도를 믿는 믿음으로 하나님께로부터 의롭다고 인정받게 된다는 이신칭의를 확고한 신앙고백이자 구원의 절대적 조건으로 강조한다. 그러나 유대 기독교 지도자이면서 예루살렘 교회의 수장인 야고보는 행함이 없는 믿음은 죽은 것이라고 말한다. 그러면 성경을 보는 독자의 관점에서 바울과 야고보 가운데 누구의 말에 신빙성을 두어야 하는가? 한국교회의 전통적 신앙에 의하면 대부분 이신칭의에 무게중심을 두는 데 이의가 없을 것이다. 믿음은 종교개혁 이래 개혁교회의 중심적인 신조였다. 그러나 이에 대하여 야고보서 또한 성경이라는 한 가지 사실만으로도 이신칭의에 대한 반박의 여지는 충분하다. 여기서 바울서신과 야고보서 가운데 어느 한쪽에 치우치는 것은 적절하지 않다. 한쪽에 휩쓸릴 것이 아니라 성경의 최고 권위자이자 해석자인 예수님께 중심을 두는 게 최선이다. 예수님은 믿음도, 행함도 모두 말씀하셨다.[8] 예수님의 말씀은 성경을 바로 보게 하는 궁극적인 기준이 된다.

5) 삶의 정황에 근거한 성경 보기

성경에는 구전과 기록 당시의 삶의 정황이 녹아 있다. 그 삶의 정황은 저자가 직접 겪었던 것으로서 그의 삶을 둘러싼 역사적, 문화적, 사회적, 정치적 배경이 고스란히 나타난다. 그것을 이해할 때 성경을 제대로 볼 수 있다. 그것은 저자 시대의 삶을 파악하는 데 커다란 도움을 준다. 또한 저자가 살았던 시대와 독자가 살고 있는 시대 사이의 기다란 역사적 간극을 메꾸어 줄 수 있다. 예컨대 신앙이 미지근하다고 책망받은 라오디게아 교회(계 3 : 14-22)는 그 위치가 뜨거운 물이 솟아나오는 히에라폴리스로부터 수십 킬로미터 떨어져 있었는데, 그 물이 라오디게아에 와서는 미지근한 물로 바뀌었다. 이런 정황을 알게 되면 그 말씀을 보다 깊이 있게 이해할 수 있다.

6) 계시 중심적 성경 보기

정경은 폐쇄성과 아울러서 개방성을 갖는다.

정경이 확정되었을 때 정경은 폐쇄성을 갖는다. 만약 교회가 정경으로

---

[8] 예수께서 하셨던 믿음에 관한 말씀은 마 8 : 5-13, 9 : 18-26, 27-31, 13 : 53-58, 14 : 22-33, 15 : 21-28, 17 : 14-20, 21 : 18-22, 행함에 관한 말씀은 마 7 : 15-27, 25 : 14-30, 31-46 등이다.

확정한 66권의 책들 이외의 다른 책에 정경의 가능성을 부여한다면, 또는 반대로 정경 속의 일부 책들에 대하여 그 정경 됨을 부인한다면 상당한 혼란이 일어날 수 있다. 정경을 기반으로 만들어진 여태까지의 신학적 이론은 신빙성을 상실하게 된다.

그럼에도 불구하고 정경은 개방성을 갖는다. 그 개방성이란 정경의 권수나 구절이 확장될 수 있다는 것이 아니라 정경이 갖고 있는 말씀의 의미가 확장될 수 있다는 것을 뜻한다. 말씀을 읽을 때 성령님은 독자에게 계시를 허락하신다. 즉, 성령님의 내적 조명을 통하여 하나님의 뜻을 보다 밝히, 보다 올바르게 이해하게 된다. 그런 점에서 성경은 독자 홀로 읽는 것이 아니다. 성경을 읽을 때 성령님께서 독자와 함께하시고 그로 하여금 하나님을 만나도록 허락하신다. 이때 독자는 성령님을 문자로 보는 것이 아니라 영으로 보게 되며 하나님께서 드러내 보여 주시는 계시를 알게 되고 비로소 진리에 도달할 수 있다. 따라서 정경의 개방성은 독자가 성령님의 영에 감동될 때 가능해진다. 그것은 독자가 가진 지식보다는 신실함에서 얻어진다. 그것은 어쩌면 인간적인 공부의 차원이 아니라 하나님 앞에서 겸허한 마음의 차원에서 얻어진다. 예수님은 보혜사 성령님을 보내 주시면서 "그가 너희에게 모든 것을 가르치고 내가 너희에게 말한 모든 것을 생각나게 하리라"(요 14 : 26)고 말씀하셨다. 성경을 보면서도 자칫 알지 못하는 것을 성령님의 생각나게 해 주시는 사역을 통하여 깨닫게 된다.

7) 순수한 성경 보기

성경을 자기중심적으로 보는 것(에이세지시스, eisegesis)[9]은 많은 문제

---

9) 에이세지시스와 엑세지시스는 성경 읽기의 방법들이다. 에이세지시스의 접두어 에이스(εἰσ)는

점을 낳을 수 있다. 자기의 생각이나 주장을 관철시키기 위한 의도를 가지고 그에 걸맞은 말씀을 끄집어내어 그것을 자기 논거로 삼는 경우가 있다. 만약 성경을 이렇게 본다면 그 독자에게 성경은 더 이상 하나님의 말씀이 되지 못하고 자기주장을 합리화하거나 편협한 뜻을 위하여 쓰이는 도구가 될 뿐이다. 이때 성경은 하나님의 말씀이 아니라 사람의 말이 되고 만다. 성경은 독자가 하나님의 주권을 인정하고 성령님의 개입과 감동을 받아들일 때 비로소 하나님의 말씀이 되기 때문이다. 예컨대 행함의 중요함을 강조하기 위하여 야고보서에 나타난 말씀만을 끄집어내어 역설한다면 그것은 성경을 행함이란 부분을 유독 중요하게 보는 자기논리를 합리화하는 것에 불과하다. 성경은 믿음과 행함을 다 같이 중요하다고 말씀한다.

이런 폐단을 극복하는 또 다른 성경 읽기는 성경을 하나님 중심적으로 보는 것이다. 성경 속에서 자기의 주장이나 의도에 맞는 것만 찾아내려 하지 않고 순수하게 하나님을 뜻을 알고서 자기에게 적용하는 경우이다(엑세지시스, exegesis). 성경을 하나님의 말씀으로 철저하게 인정하고 순종하는 자세가 나타난다. 하나님께서 독자 자신에게 무엇을 말씀하시는지 주의 깊게 살펴보는 것이다.

7. 성경의 분류

유대교의 구약성경 분류(토라/율법서, 느비임/선지서, 케투빔/성문서)를 개

---

into(–속으로)의 의미를 갖는데 이는 자기의 편향된 생각을 갖고서 성경 속으로 들어가 그 생각과 부합하는 말씀을 찾아내고자 하는 것을 가리킨다. 엑세지시스의 접두어 엑크(ἐκ)는 from(–으로부터)의 의미를 갖는데 이는 자기의 편향된 주장 없이 성경으로부터 순수하게 하나님의 말씀의 의미를 알고자 하는 것을 가리킨다.

혁교회는 다음과 같이 그 순서를 달리하여 채택한다.

1) 구약성경
   - 율법서 : 창세기, 출애굽기, 레위기, 민수기, 신명기
   - 역사서 : 여호수아, 사사기, 룻기, 사무엘상하, 열왕기상하, 역대상하, 에스라, 느헤미야, 에스더
   - 시가서 : 욥기, 시편, 잠언, 전도서, 아가
   - 선지서 : 이사야, 예레미야, 예레미야애가, 에스겔, 다니엘, 호세아, 요엘, 아모스, 오바댜, 요나, 미가, 나훔, 하박국, 스바냐, 학개, 스가랴, 말라기

2) 신약성경
   - 복음서 : 마태복음, 마가복음, 누가복음, 요한복음
   - 역사서 : 사도행전
   - 바울서신 : 로마서, 고린도전후서, 갈라디아서, 에베소서, 빌립보서, 골로새서, 데살로니가전후서, 디모데전후서, 디도서, 빌레몬서, 히브리서
   - 공동서신 : 야고보서, 베드로전후서, 요한일이삼서, 유다서
   - 묵시서 : 요한계시록

8. 나가는 말

하나님은 말씀으로 세상을 창조하셨다. 말씀이신 예수님을 통하여 세상

을 구원하셨다. 하나님은 예수님께서 이 땅을 떠나신 이래 예수님의 말씀을 생각나게 하시고(요 14 : 26) 모든 진리 가운데로 인도하시는(요 16 : 13) 성령님을 통하여 지금도 여전히 말씀하고 계신다. 하나님은 과거와 현재와 미래를 초월하여, 그 어느 때이든지 항상 무시간적으로 당신의 뜻을 세상에 밝히 드러내신다. 이른바 성경을 통한 계시이다. 성경은 예수 중심적으로 보아야 한다. 이는 예수님께서 성경의 최종적인 권위자이시기 때문이다. 율법을 폐하려 하지 않고 완전하게 하려고 오신 예수님은 말씀을 하나님의 뜻대로 해석하여 그 뜻을 완전하게 하시는 분이다. 실로 예수님은 성경에 나타난 하나님의 말씀 그 자체이시다. 또한 성경을 올바르게 보려면 말씀을 깨우쳐 주시는 성령님의 감동을 입어야 한다. 성경은 통전적으로 보아야 한다. 전체적으로 골고루 보아야 성경에 나타난 하나님의 뜻을 올바르게 알 수 있다. 그리고 나의 주관이나 입장을 최소화하고 하나님의 뜻을 존중하면서 경외하는 자세로 성경을 볼 때 비로소 하나님의 말씀은 하나님의 말씀으로 바로 보이게 된다.

/ 토론주제

1. 성경은 하나님의 글입니까? 사람의 글입니까?
2. 성경을 통전적으로 본다는 것은 어떤 의미입니까?
3. 성경을 자기중심적으로 보는 것(eisegesis)에 대한 대안은 무엇입니까?
4. 정경의 폐쇄성과 개방성은 무엇입니까?
5. 우리 교단의 입장인 유기적 영감설이란 무엇입니까?

/ 참고문헌

1. 박창환. 『성경의 형성사』. 서울 : 대한기독교서회, 1997.
2. 아더 G. 팻지아. 서인선 역. 『신약성서의 형성』. 서울 : 기독교문서선교회, 2004.
3. 피터 크레이기. 전상수 역. 『구약성경의 배경, 형성 그리고 내용』. 서울 : 쉴만한물가, 2014.
4. 남홍진. 『성서는 어떻게 형성되었는가?』. 서울 : 예루살렘, 2001.
5. 리 마틴 맥도날드. 김주한 역. 『성경의 형성 : 교회의 정경 이야기』. 서울 : 솔로몬, 2015.
6. 존 바턴. 강성윤 역. 『성서의 형성 : 성서는 어떻게 성서가 되었는가?』. 파주 : 비아, 2021.

한국 초기 선교사들의 신학과 특성

민경운 목사(성덕교회)

1. 들어가는 말

    1885년 4월 5일 부활주일 오후, 일본의 순교성지 나가사키를 떠난 미쓰비시 기선은 부산을 거쳐서 인천 제물포에 도착했다. 이 배에서 미국 감리교회에서 파송한 아펜젤러 선교사 부부와 미국 장로교회에서 파송한 언더우드 선교사가 내려 한국에 첫발을 딛게 됐다. 이들이 한국을 찾은 최초의 목사 선교사들이었다. 아펜젤러는 1858년생이고 언더우드는 한 살 아래인 1859년생이었다. 이 둘은 일본에서 처음으로 만나 형, 동생처럼 지내는 사이가 되었다.[1] 이들보다 앞서 한국에 도착한 최초의 장로교 선교사는 의사 알렌이었다. 알렌은 1884년 9월 20일에 인천 제물포에 도착했다.

---

1) 안영로, 『한국교회의 선구자 언더우드』(서울 : 쿰란출판사, 2002), 75.

이후에 초기 선교사들이 속속 한국에 들어오게 된다. 그중에는 1890년 한국에 파송된 마펫이 있다. 마펫은 미국 북장로교회에서 파송한 선교사로서 언더우드와 함께 한국 장로교회에 지대한 영향을 끼친 선교사가 된다.

마펫 선교사는 1901년 그의 사랑방에서 김종섭과 방기창 두 사람을 대상으로 성경공부를 시작하게 되는데, 이것이 지금 장로회신학대학교의 전신인 평양신학교의 출발이다. 마펫은 그렇게 시작한 신학교에서 다른 선교사들과 함께 학생들을 가르치게 된다. 그러다가 마펫은 자기가 가르친 신학생 일곱 명이 한국 장로교회의 최초의 목사로 임직하게 되는 한국 장로교회의 제1회 독립노회(독노회)에서 1907년 9월 17일에 초대 노회장이 된다. 마펫보다 먼저 한국에 온 언더우드가 최초의 노회장이 되어야 하겠지만 언더우드는 그 당시 요양차 유럽과 미국 여행 중이었다. 언더우드는 1909년 제3회 독노회에서 노회장이 된다. 언더우드는 제1회 독노회가 설립된 1907년으로부터 5년이 지난 1912년 9월 1일에 회집된 제1회 장로교회 총회에서 최초의 총회장이 된다. 한국 장로교회의 최초의 노회장인 마펫은 1919년 10월 4일에 평양신학교에서 개회한 제8회 총회에서 총회장이 됐다.

한국 장로교회의 최초의 노회장이 되고 최초의 신학교 교장이 된 마펫과 노회장을 지내고 최초의 총회장이 된 언더우드의 신학은 한국 장로교회의 신학을 형성하는 데 결정적인 역할을 했다. 이들의 신학은 한국에 파송된 초기 선교사들의 신학에도 많은 영향을 끼치게 된다. 이들의 신학은 복음적 에큐메니칼 신학이었다. 이런 복음주의적이고 초교파적인 신학은 본 교단인 대한예수교장로회 통합 교단의 신학이다. 본 교단은 복음적 에큐메니즘을 지향한다. 본 글에서는 이들 두 사람을 중심으로 한국 초기 선교사들의 복음적 에큐메니칼 신학과 그 특성을 소개하고자 한다. 이들의 신학은 한국 초기 선교사들의 선교 사역에도 그대로 반영되어 한국 초기 선교사들의 사역은 복음적 신학에 기초를 둔 에큐메니칼 연합 사역이었다.

2. 언더우드와 마펫의 신학과 특성

한국 초기 선교사들 중에서 언더우드와 마펫의 신학은 한국으로 보내는 선교사 선발 과정과 한국에 온 선교사들이 한국인 지도자를 선발하여 양성하는 과정에도 많은 영향을 끼치게 된다.[2] 이런 언더우드와 마펫의 신학을 좀 더 구체적으로 살펴본다.

1) 언더우드의 신학과 특성

한국 초기 선교사들은 1885년 부활주일에 최초로 한국에 들어온 언더우드의 영향을 받지 않을 수 없었다. 따라서 언더우드의 신학과 그 특성을 살펴보면 한국 초기 선교사들의 신학과 특성을 알 수 있다. 이제 언더우드의 신학이 어떤 배경에 의해 형성되었고, 그의 신학의 특성은 어떠한가를 살펴보고자 한다.

(1) 언더우드 신학의 배경

언더우드는 1859년 7월 19일, 영국 런던에서 아버지 존과 어머니 엘리자베스 사이에서 6남매 중 넷째로 태어났다. 아버지 존은 믿음이 두터웠을 뿐만 아니라 화공학 방면에 재주가 있어 인쇄용 잉크를 발명하였고,

---

2) 김동선 편,『초기 개신교 선교사들』(서울 : 한들출판사, 2001), 153.

타자기를 발명하여 영국 왕실 예술원으로부터 메달과 표창을 받은 바 있다. 언더우드 선교사의 아버지 존의 과학 정신은 그의 아버지 토마스로부터 이어받은 것처럼 보인다. 언더우드 선교사의 할아버지가 되는 토마스는 의학서적 등을 간행한 출판업자로서 진실한 신자였다. 그의 부인은 목사의 딸이었다. 언더우드 선교사의 친할머니의 아버지가 되는 와우 목사는 18세기 영국과 스코틀랜드에서 설교를 잘했고 해외선교 사업에 관심이 컸을 뿐 아니라 교파 연합운동을 일으킨 사람으로 이름나 있었다. 그의 폭넓은 도량과 인류애와 통합에 대한 집념과 지도력 등은 외손자가 되는 언더우드 선교사에게 많은 영향을 끼쳐 언더우드의 에큐메니칼 신학 형성의 배경이 되었다고 할 수 있다. 언더우드가 교파 연합의 교육기관인 연희전문학교(현재의 연세대학교)를 창립한 것도 결코 우연이 아닌 것이다.[3]

언더우드는 17세 때인 1877년 뉴욕 대학에 입학하였다. 언더우드는 4년간 대학생활을 하면서 공부도 잘했다. 학년이 올라갈수록 성적은 더욱 향상되었고, 특히 헬라어와 웅변의 성적이 언제나 좋은 편이었다. 삼각법, 분석기하학, 천문학, 화학 등의 성적이 훌륭했는데 이것은 그가 한국에 입국하여 의사 선교사 알렌이 세운 제중원에서 물리와 화학을 가르치는 데 큰 도움이 되었다.[4] 그는 신학교를 졸업하고는 선교사 사역을 준비하면서 얼마간 의학도 공부하였다. 외국의 오지에 있는 선교부에서 일을 하려면 주민들에게 의료의 혜택을 베풀어야 된다고 믿었기 때문이다.[5] 이런 언더우드를 생각하면 지난 경험은 그 어느 것 하나 쓸모없는 것이 없다.

언더우드는 1881년 6월 뉴욕 대학을 졸업하고 같은 해 9월에 뉴저지

---

3) 이광린, 『초대 언더우드 선교사의 생애』(서울 : 연세대학교 출판부, 1992), 1-2.
4) 위의 책, 6-8.
5) 위의 책, 11.

주 뉴브런즈윅 시에 있는 네덜란드 개혁교회 신학교에 입학했다. 당시 신학교의 어떤 교수는 언더우드의 얼굴에 나타나는 진지함과 어떤 목적에 대해 집중하는 것에 강한 인상을 받았다고 말하기도 하였다. 또 다른 교수는 언더우드가 남다르게 헌신적이며 영적이고 지적 능력을 갖고 있는 것에 깊은 인상을 받았다고 한다.[6] 그러나 교수들은 매일같이 수업을 마치면 길거리에 나가서 전도하는 그를 탐탁지 않게 여겼다. 언더우드는 "복음을 전하지 아니하면 내게 화가 있을 것이로다"(고전 9 : 16)라는 말씀을 붙잡고 전도에 열심이었다. 언더우드는 하루 5시간밖에 자지 않으면서 학업과 전도에 힘썼다. 그는 구세군이 뉴브런즈윅에서 선교 사업을 시작하자 그들의 전도대와 섞여 길거리에서 전도와 집회를 함께하였다. 언더우드는 복음을 전하는 데 있어서는 인종, 계급, 연령, 교파를 초월하였다. 예수 그리스도 안에서는 모두가 하나님의 자녀요, 형제요, 자매라고 생각한 것이다.[7] 이런 초교파적인 생각 때문에 한국에 와서 선교할 때 복음적 에큐메니칼 신학으로 교파를 초월하여 연합하여 선교할 수 있었던 것이다.

언더우드는 1884년 6월에 신학교를 졸업하고 뉴욕 대학에서 문학석사 학위까지 받았다. 그리고 1884년 11월 뉴브런즈윅 노회에서 목사 안수를 받았다. 당시 그는 의예과 1학년에 재학 중이기도 했다. 그때 그는 뉴욕의 협동개혁교회로부터 목사직 초청을 받았다. 언더우드의 의학 공부에 지장이 없도록 주일예배 한 번과 수요기도회만 맡아 달라는 조건이었다.[8] 그러나 언더우드는 이를 뿌리치고 외국에 선교사로 가기로 마음을 굳혔다.

---

6) 위의 책, 9.
7) 위의 책, 10.
8) 릴리어스 호턴 언더우드, 이만열 옮김, 『언더우드』(서울 : 한국기독학생회 출판부, 2015), 43.

(2) 언더우드 신학의 특성

언더우드는 어렸을 때부터 인도 선교사가 될 것을 결심하였다고 한다. 그러나 선교지를 결정하는 마지막 순간에 '조선에는 갈 사람이 하나도 없구나. 조선은 어이할꼬?'라는 '하늘의 음성'을 들은 후에 생각을 바꾸어 조선으로 방향을 틀었다.[9] 드디어 미국 장로교 선교본부는 1884년 7월 28일에 언더우드를 한국 최초의 목회 선교사로 임명하고 한국으로 떠나도록 결정하였다.[10] 언더우드는 그해 12월 16일 샌프란시스코에서 기선을 타고 일본으로 떠나 다음 해인 1885년 1월 25일에 요코하마에 도착하였다. 언더우드는 일본에서 이수정으로부터 한국말을 배웠다. 언더우드는 2개월 이상 한국말을 배우고 그가 번역한 『마가복음』을 가지고 코오베와 나가사키를 거쳐 한국으로 향하였다.[11] 이렇게 일본을 떠난 언더우드는 감리교 아펜젤러 선교사 부부와 같이 1885년 4월 5일 부활주일 오후에 인천 제물포에 도착하여 선교 사역을 시작하였다. 이런 언더우드의 신학은 몇 가지 특성이 있다.

복음적이다

복음주의란 개념이 교파와 교회에 따라 약간씩 다르게 사용되기는 하지만 개신교 초기 선교사들은 성경의 절대 권위, 그리스도의 구속과 신앙의인론, 그리스도의 재림과 심판, 삼위일체 등 보편적 프로테스탄트 신앙 원리라는 개념의 복음주의 원리를 공유하고 있다.[12] 언더우드의 신학이 바

---

9) 이덕주, 『한국교회 처음 이야기』(서울 : 홍성사, 2006), 53.
10) 이광린, 16.
11) 위의 책, 19.
12) 박성배, 강석진, 『한국교회의 아버지 사무엘 마펫』(용인 : 킹덤북스, 2021), 313.

로 이런 복음주의적 신학이다.

언더우드가 그의 선대로부터 물려받은 신앙적 유산은 크게 두 가지였다. 하나는 보수적-종말신앙이며, 다른 하나는 연합정신이었다.[13] 임박한 종말에 대한 기대감은 자각으로 이어져 선교의 열정을 갖게 하였다. 언더우드가 가진 이런 종말론적 기대감과 선교의 긴급성에 대한 열정은 한국을 찾았던 대다수의 초기 선교사들에게서 찾아볼 수 있는 특징이었다. 이런 특징은 미국에서 19세기 중반부터 일어난 복음주의 신앙운동으로부터 시작된다. 신앙의 근본주의와 자유주의의 약점을 개혁하려고 일어난 복음주의 신앙운동에 많은 사람들이 교파를 초월하여 참여하였다. 복음주의는 근본주의의 약점을 대체시키고 자유주의의 오류를 정정하기 위하여 그리스도 중심주의를 내세웠다. 복음주의는 따뜻한 개인적 신앙, 성경에 대한 사랑, 복음 전파의 열정, 말씀 증언에서 오는 즐거움, 찬송하기와 고요한 묵상의 시간 등에서 즐거움을 찾았다.[14]

언더우드의 신앙적, 신학적 보수 성향은 1890년 6월에 그의 집에서 채택하였던 네비우스 방법론에 그대로 반영되었으며, 1893년 남·북 장로교 선교사들이 결성한 합동공의회 선교 정책에도 반영되었다. 또한 1896년 남장로교회의 선교사 레이놀즈의 한국교회 목회자 양성지침에도 그대로 반영되었다.[15]

언더우드가 한국에 도착한 후 십여 년이 지난 1896년 즈음에 이르면, 1850년 이후에 일기 시작한 미국의 복음주의적 보수 신앙과 신학에 기초한 한국적 신앙이 어느 정도 자리를 잡았다고 할 수 있다. 그 중심은 성경

---

13) 김동선 편, 150.
14) 위의 책, 151-152.
15) 위의 책, 153.

적 복음주의, 영적인 체험과 각성, 주일성수, 근검-절약하는 삶, 고난을 통한 성령의 체험 등이었다. 이런 내용을 언더우드는 1900년 미국 북장로교회 총회 기간 중 카네기 홀에서 열린 해외선교대회에서 "한국의 현재적 상황과 미래적 전망"을 소개하면서 한국교회의 특징을 사도적 활동성, 자유로운 헌금, 풍성한 기도라고 말하였다. 사도적 활동성이란 한국교회는 교인이 되기 위해서 그리스도를 위한 작은 활동이라도 반드시 실시하도록 요구한다는 것이다.[16]

에큐메니칼(초교파적)이다

1885년 부활주일에 함께 한국에 온 언더우드와 아펜젤러는 교파는 달랐지만 공통점이 많았다. 아펜젤러는 본래 칼빈주의 계통인 개혁교회 신앙 전통의 집안에서 성장했지만, 대학 재학 중에 중생체험을 한 후 '마음 놓고 할렐루야를 외칠 수 있는 교회를 찾아' 감리교회로 적을 옮겼다. 그는 누구보다 장로교 신앙과 신학 전통을 잘 이해하였기에 장로교 선교사들과 말이 잘 통하는 감리교 선교사로 인식되었다. 언더우드는 집안 대대로 전해 오던 개혁교회 신앙 전통을 지키면서도 감리교회의 경건주의적이고 체험적인 면을 중요시하였다. 그는 장로교 동료 선교사들로부터 '시끄러운 감리교도'라는 별명으로 불릴 정도로 '감리교적인' 장로교 선교사였다.[17] 이 두 사람은 경쟁이 아닌 협력으로, 독점이 아닌 나눔으로 한국교회 에큐메니칼운동의 출발이 되었다.[18]

언더우드는 아펜젤러와 함께 한국에 들어올 때 가지고 온 이수정 번

---

16) 위의 책, 153-154.
17) 이덕주, 52.
18) 위의 책, 56.

역 성경을 대본으로 번역작업에 착수한 지 2년 만인 1887년 여름, 『마가의 전한 복음서 언해』라는 쪽복음을 일본 요코하마에서 인쇄하였다. 또 1887년 2월 7일 정동에 있는 언더우드의 집에서 감리교의 아펜젤러와 스크랜턴, 장로교의 언더우드와 헤론 등이 참여하여 '성경번역위원회'를 조직하였는데 이것이 오늘의 대한성서공회의 출발이다.[19]

언더우드와 아펜젤러는 복음 전도와 목회 분야에서도 협력하였다. 이 두 선교사는 한국에 들어온 이듬해 부활절(1886년 4월 25일)에 아펜젤러와 스크랜턴의 딸들이 개신교인으로서는 국내 최초로 세례를 받게 될 때 아펜젤러가 집례하고 언더우드가 보좌하였다. 그해 7월 18일에 한국인 최초로 노춘경이 국내에서 개신교 세례를 받게 될 때는 언더우드가 집례하고 아펜젤러가 보좌하였다.[20]

한국인 교회는 1887년 9월과 10월, 열흘 간격으로 설립되었는데 장로교회는 언더우드의 정동 사택 사랑방에서, 감리교회는 아펜젤러가 조선인 전도자를 위해 구입한 남대문 안의 베델 예배당에서 각각 예배를 드리기 시작했다. 이것이 오늘날 새문안교회와 정동제일교회의 출발이다. 이때 언더우드와 아펜젤러는 서로 상대방 교회의 출발을 축하하고 전도인을 서로 교환하며 협력하였다.[21] 이렇게 언더우드는 영국 장로교 집안에서 태어나 네덜란드 개혁신학교를 다니면서 구세군과도 같이 활동하였던 경험에서 우러나오는 에큐메니칼한 특성을 그의 선교 사역에서 유감없이 발휘하였다.

이상과 같은 언더우드의 신학과 그 특성은 한국 초기 선교사들에게 이

---

19) 위의 책, 53-54.
20) 위의 책, 54.
21) 위의 책, 55.

어지고 한국 장로교회에 지대한 영향을 끼쳐서 오늘날의 본 교단의 복음적 에큐메니칼 신학을 형성하게 된 출발이 되었다.

2) 마펫의 신학과 특성

1889년 9월 4일 미국 서부 샌프란시스코 항구에서 출발한 큰 기선은 긴 항해를 마치고 일본의 요코하마 항에 무사히 도착했다. 이 배에서 내린 한 사람, 그는 1889년 4월 15일에 미국 북장로교회 선교부로부터 선교사로 임명받은 마펫이었다. 그는 미국을 떠나기 전 선교 본부에 "나는 예수 그리스도 그분만 알기로 결심했습니다."라는 편지를 보냈다. 그는 한국 땅에서 오직 예수 그리스도의 복음만을 전하기로 작정한 것이다.[22]

마펫이 요코하마 항에 당도한 배에서 내리기 전에 항구에서 자기의 이름을 부르는 서양인을 보았다. "당신이 사무엘 오스틴 마펫 맞소?" 이 사람은 영한, 한영사전과 조선어 문법책 출판을 위해 일본에 와 있던 언더우드 선교사였다. 언더우드 선교사가 미국 선교본부의 연락을 받고 마펫을 마중 나온 것이다. 마펫은 그렇게 같은 장로교회 선배 선교사인 언더우드를 처음 만났다. 마펫은 2주 동안 일본에 머물고는 1890년 1월 25일 드디어 그의 사역지인 한국의 인천 제물포에 도착하였다. 이때 그의 나이는 26살이었다.[23] 젊은 청년 마펫은 1936년 일본 총독부에 의해 추방되어 출국할 때까지 오랜 세월 동안 한국교회를 위하여 사역하게 된다. 그는 평양신학교와 평양 장대현교회를 세웠다. 1907년에는 그가 가르친 신학생들을 목사로 세운 제1회 노회에서 노회장이 되고, 후에는 총회장이 되어서 한국교

---

22) 박성배, 강석진, 66.
23) 위의 책, 69-70.

회의 신학 형성에 큰 기여를 하게 된다. 이런 마펫의 신학과 그 특성을 살펴보고자 한다.

(1) 마펫 신학의 배경

마펫의 가계는 존 녹스의 전통을 따르는 스코틀랜드 언약파의 후예로 개혁교회의 교리를 보존하고 있었다. 스코틀랜드의 언약파는 잉글랜드와 아일랜드의 개혁교회를 돕는 데 앞장섰고, 로마가톨릭과 영국성공회의 수직적이고 감독 교회적인 전통을 거부하였다.[24]

성경의 말씀과 엄격한 수행을 기독교의 가장 중요한 행동 지침으로 여긴 마펫의 할아버지 윌리엄 마펫이 죽은 후, 그의 아들 슈만 마펫은 18세의 나이로 1841년에 인디애나 주 매디슨으로 이주했다. 슈만 마펫도 가계의 전통을 그대로 이어받은 청교도주의자로, 도덕성과 강한 자제력을 지닌 인물이었다.[25] 이런 집안에서 자라 경건한 청교도 신앙에 뿌리를 둔 신앙적 전통을 이어받은 마펫은 경건한 청교도 신앙을 한국교회에 물려주었다.

마펫은 15세가 되던 해에 하노버 대학에 입학하여 화학을 전공했다. YMCA에 입회하여 활동했고, 학생회장을 했으며, 학교를 위해 열정적으로 모금활동도 펼쳤다. 또한 1881년에 포틀랜드 윌리스톤 회중교회로부터 시작된 기독청년면려회를 매디슨에 조직하는 책임을 맡아 주일학교 봉사를 하는 등 아주 모범적인 청년상을 그려 나갔다.[26] 이런 경험이 마펫의 한국사역 중 복음 안에서 이 사회의 변화를 이루어 가기 위한 에큐메니칼

---

24) 위의 책, 306-307.
25) 위의 책, 307.
26) 위의 책, 308.

연합 선교사역에 힘쓰게 되는 배경이 되었다고 본다. 마펫은 3·1운동을 가장 먼저 시작하고 이후에 독립운동을 이끌어 갔던 독립운동가들을 키워 낸 대부이자 한국의 독립운동을 적극적으로 도왔던 숨은 손이었다.[27]

마펫의 신학은 그의 가계가 이어온 스코틀랜드 장로교의 영성과 미국 맥코믹 신학교의 복음적 신학과 깊은 연관이 있다.[28] 마펫을 비롯하여 평양신학교에서 오랫동안 교수로 있었던 베어드와 리, 스왈론, 아담스, 클라크 등이 모두 마펫이 다닌 맥코믹 신학교 출신들이었다. 19세기 인디애나 주 개척민들이 설립한 하노버 대학의 신학부로 출발한 맥코믹 대학교는 매일 수업이 시작할 때마다 찬송가를 부르고 성경을 읽고 기도로 시작하는 전형적인 기독교 학교였다. 목회자와 선교사 양성을 목적으로 설립된 맥코믹 신학교는 철저한 보수주의에다 청교도의 엄격성과 불굴의 기상을 불어넣어 주는 동시에 경건성을 중요시하였다.[29] 이런 신학교에서 공부한 마펫은 철저한 복음주의적인 신학을 가지게 되었다. 그는 사도 바울처럼 복음을 부끄러워하지 않는(롬 1 : 16) 복음 신앙의 영성과 신학적 바탕 위에 서 있었던 것이다.[30]

(2) 마펫 신학의 특성

마펫 신학의 특성은 언더우드 신학의 특성과 다르지 않다. 언더우드의 신학은 마펫에게로 이어졌고, 이런 신학의 특성은 한국 초기 선교사들의 신학으로 이어지게 된다. 그러면 마펫 신학의 특성은 무엇인가?

---

27) 위의 책, 480.
28) 위의 책, 309.
29) 위의 책, 310.
30) 위의 책, 311.

복음적이다

장로회신학대학교 교정 안에는 칼뱅의 동상과 마펫 선교사의 동상이 나란히 있다. 마펫은 스코틀랜드 장로교의 후손이고 스코틀랜드 장로교를 정착시킨 종교개혁자는 존 녹스이다. 존 녹스의 장로교 사상은 제네바의 종교개혁자 칼뱅으로부터 왔다. 이 세 사람의 공통점은 모두 경건한 청교도 신앙에 기초한 복음주의자였다는 점이다.[31]

언더우드가 보여 준 종말론적 기대감과 선교의 열정은 한국 초기 선교사들에게서 찾아볼 수 있는 특징이기도 했는데, 이런 특징은 마펫에게서도 나타난다. 마펫은 종말론적인 기대가 넘쳐 동료 선교사인 블레어에게 놀림거리가 되기도 하였다고 한다. 하루는 블레어가 "자네는 예수님의 재림을 기다리지 않았던 날이 하루라도 있었는가?"라고 묻자, "결혼 첫날밤을 제외하고는 항상 기대했었네."라고 대답하였다고 한다.[32]

언더우드에게서 시작된 성경적-보수주의적-종말론적 신앙은 마펫에게서도 그대로 나타났다. 마펫의 동료로 평양선교부에서 활동하면서 신학교에서도 가르쳤던 블레어는 마펫에 대하여 "그리스도의 임박한 재림에 대한 소망은 그의 사상과 가르침의 특징이 되었다."라고 회상하였다. 마펫은 1919년 제8회 총회장으로 피선되어 선천 세 개 노회(황주, 평양, 의주) 연합회에서 "조선 교회에 기(寄)함"이라는 제목으로 설교를 한다.[33] 마펫은 한국 선교 100주년을 내다보는 1974년에 편찬된 한국기독교선교100주년기념『대설교전집』에 실린 "조선 교회에 기(寄)함"이라는 그의 설교에서 한국 교회와 목회자들에게 자신이 전해 준 복음을 바꾸지 말고 그대로 전해 줄

---

31) 위의 책, 314.
32) 김동선 편, 151.
33) 박성배, 강석진, 383.

것을 다음과 같이 부탁하였다.

> 근대에 있어 흔히 새 신학·새 복음을 전하려는 자는 누구며 그 결과는 무엇일까. 조심하자. 조선 모든 선교사가 다 죽고 다 가고 모든 것을 축소한다 할지라도 형제여! 조선교회 형제여! 40년 전에 전한 그 복음 그대로 전파하자. 나와 한석진 목사와 13도에 전한 그것이, 길선주 목사가 평양에 전한 그 복음, 양전백 씨가 선천에 전한 그 복음은 자기들의 지혜로 전한 것이 아니요, 그들이 성신의 감동을 받아 전한 복음을 변경치 말고 그대로 전파하라. (중략) 다른 복음을 전하면 저주를 받을 것이오. 말할 기회 많지 않은 데는 딴 복음을 전하지 말기를 간절히 바란다.[34]

언더우드와 마펫을 비롯한 미국 장로교 선교사들이 한국에 전수한 신앙은 보수적인 복음주의 입장에서 개인 구원의 확신, 성경에 기초한 신앙의 확립, 기도에 대한 열정, 윤리적-도덕적 엄격성, 그리고 종말론적인 기대감 등으로 간추릴 수 있으며, 한국 내에서는 하나의 신앙과 신학의 정형으로 굳어져 가기 시작한 것이다. 이런 언더우드-마펫 유형의 보수적-종말론적 신앙은 한국에서 초기 한국인 목회자들에게 그대로 전수되어 조선 말기와 일제의 통치라는 민족적 시련의 기간을 개인 구원의 확신과 내세에 대한 소망으로 이겨 내게 했다고 할 수 있다.[35]

에큐메니칼(초교파적)이다

언더우드의 선교 사역은 다분히 초교파적이며 에큐메니칼한 특성을

---

34) 마포삼열, "조선 교회에 기(寄)함," 한국기독교선교100주년기념『대설교전집』제1권(서울 : 박문출판사, 1974), 514.
35) 김동선 편, 156.

지닌 사역들이었다.³⁶⁾ 언더우드의 에큐메니칼한 특성은 마펫으로 이어진다. 마펫은 평양을 중심으로 1천여 개의 교회를 세우고, 최초의 신학교인 평양신학교를 세웠으며, 숭실학교 등 300여 개의 학교를 세우면서 한국교회를 낳은 아버지의 역할을 하였다.³⁷⁾ 그러나 이것은 마펫 혼자서 해낸 사역이 아니다. 마펫은 맥코믹 신학교에서 동문수학한 베어드와 평양신학교와 숭실학원 사역 등을 함께하면서 동역하였다. 그래함 리와는 평양신학교와 장대현교회 사역 등을 함께했다. 무어, 스왈론, 아담스, 번하이젤, 블레어, 바레트, 클라크 선교사 등과는 평양을 새 예루살렘으로 만드는 믿음의 큰 역사를 함께했다.³⁸⁾ 이들 모두는 마펫이 나온 맥코믹 신학교 출신들이었고, 마펫은 이들과 함께 연합해서 사역하였다.

마펫의 이런 연합사역의 정신은 한석진에게로 이어졌다. 마펫과 한석진은 아름다운 동역의 본을 보여 주었다. 한석진은 만주에서 세례를 받고 교인이 되어 돌아온 같은 고향 사람인 백홍준과 서상륜 등의 전도를 받고 처음 기독교를 알게 되었다. 그런 한석진은 1891년 의주를 방문한 마펫을 만나 대화를 나눈 다음에 개종을 결심하고 그에게 세례를 받았다.³⁹⁾

자주 의식이 강한 한석진은 동경 유학생들의 요청을 받은 독노회의 파송을 받고 1909년 일본 동경으로 건너가게 된다. 유학생들 중에는 장로교인도 있고 감리교인도 있어 서로 자기 교파 교회를 만들려는 의지가 강했다. 그런 상황에서 한석진은 유학생들과 본국 교회를 설득해서 일본 동경교회를 초교파적인 연합교회로 운영하도록 했다. 그래서 동경교회는 장

---

36) 위의 책, 169.
37) 박성배, 강석진, 325.
38) 위의 책, 327.
39) 위의 책, 433.

로교회와 감리교회가 교대로 목회하게 되었다. 이렇게 언더우드와 마펫으로 이어지는 에큐메니칼한 특성이 한국인 목회자들에게도 이어진 것이다.

한국교회의 에큐메니칼 연합 정신은 1912년 제1회 총회에서 중국으로 선교사를 파송하기로 결의하고 1913년 제2회 총회에서 박태로, 사병순, 김영훈 목사를 중국 산동 선교사로 파송할 때도 그대로 이어지게 된다. 한국교회의 실질적인 최초의 해외선교였던 산동선교는 한국교회가 일방적으로 선교지를 정해서 중국 산동으로 선교사를 파송한 것이 아니라 한국교회, 중국 장로교회와 중국 산동에서 이미 선교하고 있는 미국 북장로교회와의 3자가 합의해서 선교지가 결정된 것이다. 한국교회는 첫 해외선교부터 에큐메니칼 선교를 추구하고 실천하였다.[40] 이런 에큐메니칼한 초교파적인 특성은 언더우드와 마펫으로 시작되어 한국 초기 선교사들로 이어진 복음주의적 신학의 특성이었던 것이다.

3. 나가는 말

언더우드는 "놀라운 역동성의 본토인 교회"라는 제목의 글에서 한국교회의 네 가지의 특성으로 첫째로 한국의 신자들은 성경을 공부하는 데 열정적이며, 둘째는 기도에 열심이었으며, 셋째는 한국 사람들은 아량이 넓은 사람들이며, 넷째로 독특하게도 이 땅 안에 있는 교회의 성도들은 일꾼이 되려고 애쓴다고 하였다. 이런 복음적 한국교회를 일구게 된 것은 언

---

40) 민경운, 『제주와 산동 선교 이야기』(서울 : 도서출판 케노시스, 2015), 174.

더우드와 같은 초기 선교사들의 복음주의적 신학에서 시작된 것이다.[41]

마펫은 1910년 6월에 스코틀랜드 에든버러 선교대회에서 "복음화 사역에서 현지 교회가 차지하는 위치"라는 제목으로 선교정책에 대해 발제하였다.[42] 그는 이 발제에서 한국이 영적 대국이 될 것을 전망하였다. 마펫은 영적 대국이 될 한국교회의 특징을 소개하면서 한국교회는 성경을 사랑하는 교회, 성경 말씀을 배우는 교회라고 하였다. 그 대표적인 것들이 바로 성경 사경반과 사경회라고 소개하였다.[43] 이 모든 것이 언더우드와 마펫과 같은 한국 초기 선교사들의 복음적 에큐메니칼 신학의 영향이 아닐 수 없다. 이렇게 한국교회 특별히 대한예수교장로회 통합 교단은 언더우드와 마펫을 중심으로 이어진 복음적 에큐메니즘을 지향하고 있다.

---

41) 이만열, 옥성득 편, 『언더우드 자료집 Ⅲ』(서울 : 연세대학교 출판부, 2007), 254-255.
42) 박성배, 강석진, 459.
43) 위의 책, 464-472.

/ 토론주제

1. 한국 초기 선교사들 중에 특별히 언더우드와 마펫이 한국 선교사로 파송된 배경에 있어서의 하나님의 섭리와 선교사들의 헌신에 대하여 각자의 생각을 나누어 봅시다.
2. 한국 초기 선교사들의 신학과 본 교단(통합)의 신학과의 연관성은 무엇입니까?
3. 한국 초기 선교사들의 복음(주의)적 신학이란 무엇이며 어떻게 나타났습니까?
4. 한국 초기 선교사들의 에큐메니칼(초교파적) 신학은 무엇이며, 어떻게 나타났습니까?
5. 평신도로서 복음적 에큐메니칼 신학을 어떻게 삶에서 실천할지 나누어 봅시다.

/ 참고문헌

1. 김동선 편.『초기 개신교 선교사들』. 서울 : 한들출판사, 2001.
2. 릴리어스 호턴 언더우드. 이만열 옮김.『언더우드』. 서울 : 한국기독학생회 출판부, 2015.
3. 민경운.『제주와 산동 선교 이야기』. 서울 : 도서출판 케노시스, 2015.
4. 박성배, 강석진.『한국교회의 아버지 사무엘 마펫』. 용인 : 킹덤북스, 2021.
5. 안영로.『한국교회의 선구자 언더우드』. 서울 : 쿰란출판사, 2002.
6. 이광린.『초대 언더우드 선교사의 생애』. 서울 : 연세대학교 출판부, 1992.
7. 이덕주.『한국교회 처음 이야기』. 서울 : 홍성사, 2006.
8. 이만열, 옥성득 편.『언더우드 자료집 Ⅲ』. 서울 : 연세대학교 출판부, 2007.

한국인의
종교적 특성과
우리 교단의 신학

배요한 목사(신일교회)

1. 들어가는 말

　우리나라는 종교적으로 보면 기독교가 전래되기 전에 이미 무속신앙(무교), 불교, 유교 등의 주도적인 종교들이 있었다.[1] 그런데 기독교는 비교적 역사가 길지 않은 종교임에도 불구하고 짧은 시간에 가장 급격히 성장하였으며, 오늘날까지도 가장 큰 영향력을 미치고 있다. 왜 앞서 열거한 그런 전통 종교들은 대부분 쇠퇴했는데, 기독교는 이 땅에 쉽게 정착했을 뿐 아니라 급격히 성장할 수 있었던 것일까? 왜 우리나라의 기독교인들은 다른 종교인들이나, 심지어 다른 나라의 기독교인들과 비교해 보아도 가장 열심히 신앙생활을 하고 있을까? 이유는 크게 두 가지로 정리할 수 있

---

1) 이 글에서는 천주교와 구분하여 우리 교단이 속한 종교를 '개신교' 대신 '기독교'라고 사용하였음을 밝힌다.

다. 첫째로, 모두가 지적하듯이 우리나라에서 기독교는 선교 초기부터 종교적인 면뿐만 아니라 학교, 병원 등 꼭 필요한 봉사와 섬김을 통해 좋은 인상을 심어 주었기 때문이다. 그런데 필자가 보기에 더 중요한 두 번째 원인이 있다. 그것은 기독교 복음이 우리나라 사람들의 종교적 특성에 아주 잘 부합했기 때문이다.

모든 나라의 사람들은 그 나라 사람들만이 가진 독특하고 특별한 종교적 특성이 있다. 유일신을 믿는 나라도 있고 다신교를 믿는 나라도 있다. 같은 하나님을 믿어도 종교개혁이 일어난 독일의 기독교인들이 드리는 예배의 분위기와, 아프리카 케냐 사람들이 드리는 예배의 분위기는 너무도 다르다. 그렇다면 우리나라 사람들의 종교적인 특성, 그리고 이와 연관된 우리나라 기독교의 독특한 특성은 무엇일까? 워낙 넓은 주제이기는 하지만 신 이해(하늘고향의식), 인간 이해(우리주의), 종교적 참여(뜨거운 종교적 열심)의 세 가지로 나누어 우리나라 사람들의 종교적인 특성들을 살펴보고자 한다.

2. 한국인의 종교적 특성

1) 단군신화

그 나라 사람들의 종교적인 마음의 원형을 살피려면 그 나라에서 가장 잘 알려진 신화를 살펴보는 것이 제일 좋은 방법이다. 우리나라의 가장 대표적인 신화는 물론 단군신화(檀君神話)이다. 우선 한 가지 분명히 해둘 것이 있다. 단군신화를 사실로 받아들이거나, 국조 단군상을 학교 교정에 세우는 것은 정말로 잘못된 일이므로 단호히 배격해야 한다. 그러한 움직임은 겉으로는 민족적 자부심을 고취하기 위한 것이라고 그럴듯하게 미화하지만, 사실은 그 단군상을 통해 자신들의 종교를 선전하려고 하는 매우 잘못된 의도가 있기 때문이다. 그러나 동시에 신화는 어디까지나 신화일 뿐이라는 점을 염두에 둔다면, 학문적인 입장에서 신화를 분석해서 우리나라 사람의 종교적 특성을 살피는 것을 꺼릴 필요가 없다.

단군신화를 보면 아주 중요한 특성이 있다. 단군(檀君)은 이 땅에 나라를 세웠으나 그 기원이 바로 하늘이라는 점이다. 단군신화에 따르면 하늘에 사는 신적인 존재인 환인(桓因)에게 여러 아들이 있었는데, 그중 유독 환웅(桓雄)이라는 아들은 인간 세상에서 살기 원했다. 그래서 아버지인 환인은 아들 환웅이 이 땅에 내려가 사는 것을 허락했고, 이에 환웅은 태백산 신단수 아래로 내려와서 다스리기 시작했다. 환웅은 자신이 다스리는 땅은 신이 다스리는 땅이라는 뜻에서 '신시'(神市)라고 불렀다.

그리고 당시 곰 한 마리와 호랑이 한 마리가 있었는데 이들이 사람이 되고 싶어했고, 결국 곰은 사람이 되었다(웅녀, 熊女). 그리고 여인이 된 곰(웅녀)이 다시 아기를 갖고 싶어서 기도하자, 환웅이 남자로 변해서 웅녀와 더불어 아이를 낳았으니 그가 단군왕검(檀君王儉)이었다.

이런 단군신화의 줄거리를 기억하면서 우리나라 사람들의 종교적 특성을 세 가지로 분석하면 다음과 같다.

(1) 하늘고향의식

첫 번째는 하늘고향의식이다. 우리나라 사람들과 우리나라의 종교전통에서 '하늘'은 각별한 의미를 지닌다. 단군신화에서 보면 환웅과 웅녀 사이에 태어난 단군은 이 땅을 다스리며 살았고, 나라 이름을 조선(朝鮮)이라고 불렀다. 그리고 우리는 어릴 적부터 단군의 자손이라고 배우면서 자랐다. 물론, 앞서 말한 대로 이것은 문자적으로는 잘못된 것이다. 신화는 그저 신화일 뿐이기 때문이다.

단군과 단군의 자손은 분명히 이 땅에서 살아가지만, 단군의 아버지인 환웅, 할아버지인 환인은 원래 '하늘'(天)에 살던 '신'(神)적인 존재였다. 그래서 단군의 본적지는 정확히 말하면 이 땅이 아니라 하늘이다. 그리고 지금 살고 있는 이 땅은 타향이다. 그래서 상징적인 의미로 단군의 자손인 우리나라 사람들은 종교적인 면에서 보면 '하늘'을 원래 '고향'으로 여기고 이 땅인 '타향'에서 고향인 하늘을 그리워하며 사는 '하늘고향의식'이라는 종교적인 집단 무의식을 가지고 있다고 분석할 수 있다.

즉, 우리나라 사람들은 지금 현실적으로는 이 땅(地)에서 인간(人)으로 살고 있지만, 종교적인 무의식 속에는 원래 나는 종교적인 고향인 하늘(天)에서 신(神)적인 존재였음을 담고 있는 것이다. 그래서 내가 살아가는 이 땅은 타향이며, 원래 고향은 하늘이므로 이 땅에서도 '하늘을 품은 사람'(천인, 天人)이라는 것을 내가 믿는 종교를 통해 확인하고 싶어하는 정서가 있다. 이런 정서가 우리나라 사람들이 종교를 가지는 가장 중요한 이유이다.

그래서 우리말에는 '하늘'이라는 용어가 들어간 관용적인 경구가 참 많다. "하늘이 굽어보신다.", "하늘이 무섭지 않느냐?", "하늘이 알고 땅이 안다.", "하늘도 무심(無心)하시지.", "지성(至誠)이면 감천(感天)이다." 오죽하면 애국가에도 "하느님이 보우하사"라는 가사까지 있다. 왜 이렇게 '하늘'이 많을까? 그것을 종교적으로 풀어 보면, 앞서 말한 대로 우리나라 사람들에게는 '내가 하늘로부터 왔다'는 '하늘고향의식'이 있기 때문이다.

그런데 위에서 언급한 경구들을 다시 가만히 읽어 보면, 우리나라 사람들에게 '하늘'은 어릴 적 여름성경학교 때 많이 부르던 "흰 구름 뭉게뭉게 피어오르는" 그런 하늘(자연천, 自然天)이 아니다. 하늘은 뭔가 인격적인 존재이며, 온 세상을 통치하는 그런 존재(주재천, 主宰天)라는 막연하지만 분명한 뜻을 내포하고 있기 때문이다.

그럼 '하늘'이 만물을 '주재한다'는 것은 무슨 뜻인가? 우리나라는 전통적으로 삼천리 반도 금수강산이요, 사시사철이 뚜렷해서 예로부터 벼농사를 지어 왔다. 벼농사는 그 특성상 자연의 섭리와 운행에 사람이 얼마나 조화롭게 잘 반응하느냐에 그 성패가 달려 있다. 예를 들어 봄에 비가 내리면 못자리에 물을 가두어야 하고, 뜨거운 여름에 태양이 작열할 때는 김을 매야 한다. 가을이 되어 서늘한 바람이 불면 추수를 해야 한다. 그런데 이러한 자연의 섭리와 변화에 게으르거나 때를 맞추지 못하면 그해의 농사는 망칠 수밖에 없다. 그래서 우리나라와 같이 아름다운 자연환경을 갖추고 있고, 또 벼농사를 주로 하는 문화권에서는 "자연은 완전한 것이고, 사람은 그 자연의 조화에 얼마나 잘 순응하느냐" 하는 것이 생존에 가장 중요한 기준이 된다.

그리고 이것은 단지 농사에만 한정된 것이 아니다. 우리나라 문화권에서 '완전한 자연'을 대표하는 가장 상징적인 용어는 '하늘'이다. 그래서 우리나라 전통사상에서 목표로 삼는 것도 농사와 마찬가지로 하늘의 뜻에 얼마나 내가 사사로운 욕심을 버리고 온전히 맞추어 가느냐에 있다. 불교에서 부처가 된다는 것도 이기적인 욕심(삼독, 三毒)을 버리고 부처의 본성을 회복(성불, 成佛)하는 것이요, 유교의 학문적인 목표도 하늘과 합하여 하나가 되는 것(천인합일, 天人合一)이요, 그런 경지를 이루려고 노력하는 사람이 군자(君子)요, 실제로 그런 경지를 이룬 사람이 성인(聖人)인 것이다. 우리나라의 민족 종교 중에 대표라고 할 수 있는 동학의 핵심 사상도 "사람이 곧 하늘"이라는 인내천(人乃天)으로 비슷한 구조를 지니고 있다.

2) 우리주의

　위에서 말한 하늘고향의식에서 '고향'이라는 단어는 우리에게 참 푸근한 느낌을 준다. '타향'이라는 단어가 주는 상징적인 느낌은 낯설고, 긴장하고, 경쟁해야 하는 곳이라면, 반대로 '고향'은 푸근하고, 여유롭고, 있는 모습 그대로 보여도 되는 안식의 공간이다. 무엇보다 고향에는 가족들과 친구들이 있으며, 서로 사랑하며 지내던 추억의 공간과 경험이 녹아 있기 때문이다.

　이런 의미에서 '고향'이라는 단어와 제일 잘 어울리는 단어는 '가족'이다. 가족들은 서로 사랑하고 보듬어 주는 사이지 경쟁하는 관계가 아니다. 온 가족이 다 모여야 행복하고, 가족 중의 한 사람이라도 빠지면 허전하기 그지없다. 그래서 가족들끼리 모이면 제일 많이 쓰는 표현 중의 하나가 "우리는 하나!"라는 구호이다. 여러 명의 가족으로 구성되어 있으나 늘 가족은 하나요, 한마음이다. 그래서 우리나라 사람들의 신 이해의 특성이 하늘고향의식이라면 인간 이해의 특성은 '우리주의'라고 말할 수 있다. 단군신화에서도 단군의 고향인 '하늘'은 아버지 환웅도 살았고, 할아버지 환인도 살고 있는 '가족이 하나로 어울리는', '우리는 하나!'인 공간이다.

　그래서 우리나라 사람들은 '우리'라는 단어를 유독 많이 쓴다. 엄밀하게 따지면 '나'와 '너'가 함께 무언가를 공유해야 '우리'일 수 있는데, 교회에 다니지 않는 친구에게 '내가 다니는 교회'가 아니라 '우리 교회'에 가자고 전도한다. 학생들도 서먹서먹할 때는 선배, 후배라고 부르다가 이내 친해지면 언니, 오빠, 형, 동생으로 가족끼리 쓰는 칭호를 사용한다. 식당에 가서 밥 한 공기를 더 시킬 때도 "이모, 여기 밥 한 공기 더 주세요!" 한다. 외국인들이 보기에 가장 당황스러울 때는 부부가 서로 만났을 때이다. "소개할게요. 우리 남편(아내)입니다!" 어떻게 남편이나 아내가 '우리'와 어울릴 수 있을까? 그래도 우리나라 사람들은 거부반응이 없다. 알아서 다 이해한다. 원래 우리는 하늘에서 다 한 가족이었고, '우리는 하나!'라는 정서가 우리나라 사람들의 종교적인 DNA 속에 들어 있기 때문이다.

3) 뜨거운 종교적 열심

우리나라 사람들은 정말로 종교 생활을 열심히 한다. 수행 불교의 특성이 유독 강한 것이 우리나라 불교의 특성이다. 유교도 마찬가지다. 조선의 유학인 조선 주자학이 중국보다 수양에 더욱 적극적이었고, 주자학의 완성은 퇴계와 율곡에 와서 이루어졌다고 할 정도로 수양론적 특성이 강하다. 기독교도 마찬가지다. 한국교회 대부분은 지금도 여전히 새벽기도회, 수요기도회, 각종 성경공부, 구역과 교구 모임, 중보기도 모임, 금요기도회 등 이루 헤아릴 수 없이 많은 예배와 집회가 있다.

그렇다면 이런 우리나라 사람들의 '뜨거운 종교적 열심'은 어떻게 설명할 수 있을까? 우리나라 사람들의 종교적 열심은 앞서 말한 타향-고향과 연관해서 이해하면 충분히 설명될 수 있다. 명절이 되면 우리나라 사람들은 앞을 다투어 고향을 향해 간다. 차가 막히고 비행기, 열차, 버스, 자가용 등 거의 모든 교통수단의 표가 매진되고 교통체증이 심해도 고향에 계신 부모님과 가족들을 만나는 기쁨에 기꺼이 그 모든 불편을 감수한다. '고향'을 그리워하고 '우리는 하나!'라는 것을 확인하고 싶은 마음이 그만큼 강하기 때문이다.

기독교 복음을 예로 들어 보자. 고향을 하나님 나라에 사는 성도의 삶으로 비유하면 우리는 '하나님의 자녀'이다. 그런데 문제는, 타향인 이 땅에서 살아가고 있는 우리의 모습은 성도답지 못하고, 현실 속에서 '죄인'으로 살아가고 있다는 점이다. 여기서 중요한 것은, 죄인인 우리가 하나님의 자녀답게 살아가려는 자세는 타향에 살던 사람이 아무리 차가 막히고 힘이 들어도 고향을 찾는 것이 당연한 것처럼, 기독교인들에게는 너무도 당연한 일이라는 것이다. 현실 속에서 아무리 바빠도 주일이면 아침 일찍부터 저녁 늦게까지 온 마음과 정성을 다해 헌신하는 평신도들의 태도는 목사가 보기에 너무도 귀하다. 나를 구원해 주신 하나님, 그 하나님의 자녀답게 살아가려는 치열한 몸부림이다. 하나님께서 교회를 통해 주시는 직분을 잘 감당하기 위해서라면 시간도, 물질도 기꺼이 다 드리려는 '뜨거운 종교적 열심'이 있다. 이것이 우리나라 사람들의 세 번째 종교적인 특성이다.

3. 기독교 복음, 한국인을 다시 깨우다

다른 나라들과 비교해서 살펴보면 우리나라는 유독 하나의 거대한 주류 종교가 융성하면 수백 년 동안 그 종교가 지배한다. 삼국시대부터 통일신라를 거쳐 고려시대까지 이어진 불교, 조선왕조 오백 년을 지배한 유교가 그랬다. 그런데 지금은 역사가 240년이 채 되지 않은 비교적 젊은(?) 종교인 기독교가 우리나라의 가장 대표적인 종교가 되었다. 실로 전 세계 기독교 역사를 통해 살펴보더라도 정말 놀랄 만큼 짧은 시간에 눈부신 양적 성장을 이루었다. 그 이유를 과연 어떻게 분석할 수 있을까?

우리나라에 기독교 복음이 전래될 때를 생각해 보자. 1880년대에 이미 만주와 일본에서 자발적인 기독교인이 생겨나기 시작했다. 그리고 1884년에 알렌, 1885년에 언더우드와 아펜젤러를 위시해서 수많은 선교사들이 복음을 전하러 이 땅에 들어왔다. 그 당시에 우리나라에서 가장 오래된 종교 전통이라고 할 수 있던 무교(무속신앙)는 여전히 원초적인 종교성에 기대어

미신적인 수준이었고, 불교도 조선 오백 년을 거치면서 지리멸렬해진 모습이었다. 유교도 16세기 후반 퇴계와 율곡 당시까지는 뛰어난 전성기를 이루었으나 17세기 이후는 많이 퇴락하여 기독교 복음이 전래될 당시에는 역사 속에서 왜곡된 유교의 부정적인 모습만 남아 있을 뿐이었다.

외세의 압력은 점점 강해지고, 위정자들은 부패했으며, 우리나라 사람들의 강한 종교성을 만족시켜 줄 만한 종교는 그 어디에도 없었을 때였다. 그런데 먼 나라에서 이 척박한 땅까지 와서 복음을 전파한 선교사들의 헌신, 복음과 함께 소개된 근대식 학교와 병원, 더구나 한글로 된 성경이 보급되면서 우리나라 사람들이 무의식 속에 가지고 있었던 강한 종교성에 기독교 복음이 다시 불을 지폈던 것이다.

'나는 하늘과 같은 존재'라는 하늘고향의식은 성경 말씀을 통해서 내가 예수님을 구주로 믿으면 누구든 신분이나 성별, 지위에 상관없이 '하나님의 자녀'라는 '기독교 복음을 통한 천인(天人)의식과 하늘고향의식'을 다시 확인할 수 있었다.

또한 선교사들의 섬김과 헌신의 태도를 통해서 신분과 성별, 지위를 초월한 기독교 복음의 능력을 접할 수 있었다. 그리고 한글로 번역된 성경을 읽어 보니 예수 그리스도를 구원자로 믿으면 신분이나 성별, 지위에 상관없이 모두가 한 가족이라는 것이다. 바로 성경을 통해서 '복음 안에서 하나된 우리'라는 '기독교 복음을 통한 우리주의'가 다시 확립된 것이다.

그런데 문제는 지금의 내 모습은 하나님의 자녀답지도 않고, 여전히 죄 가운데 있으며, 이웃을 내 몸처럼 사랑하지 못하는 모습 그대로이다. 그런 죄인의 모습을 지닌 채 주님 앞에 나와서 예배를 드릴 때마다 늘 주님께 죄송한 마음이다. 마치 오랜만에 고향에 가서 부모님을 뵈면 "불효자는 웁니다"라는 노래의 제목처럼 죄송해하는 정서와 비슷하다. 효자일수록 스스로를 불효자라고 고백한다. 우리나라 기독교인들처럼 열심히 헌신하는 기독교인이 세계적으로 유래가 없을 정도라지만, 우리나라 성도들이 늘 하나님 앞에 나올 때마다 '죄인'이라고 스스로 고백하는 것도 같은 이치이다.

그렇다면 내가 하나님의 자녀답게 살지 못하고, 이웃을 내 몸같이 사랑하지 못하는 이유가 무엇일까? 그것은 바로 내 안에 있는 '죄' 때문이다. 그래서 우리나라 사람들은 하나님 앞에 너무도 죄송하고 염치가 없어서 예배당에 나오자마자 울기도 하고, 통성으로 기도하는 경우가 많다. 그저 부모님 앞에 가서 불효자라고 고백하며 자기도 모르게 눈물을 흘리는 정서와 비슷하다. 내 마음속에 있는 뜨거운 종교적 열심이 주님께 대한 죄송함과 결부되어 그 어느 나라의 기독교인들보다 더 간절하게 기도하고 헌신하게 되는 것이다. 이것이 바로 '기독교 복음 안에서 갖는 뜨거운 신앙적 열심'인 것이다.

이렇듯이 우리나라에 전래된 기독교 복음은 우리나라 사람들이 가지고 있던 종교적 특성 세 가지를 가장 분명하고 단순하고 힘 있게 회복시켜 주었다. 이 에너지가 최초로 거대한 불꽃으로 승화된 것이 1907년 평양대부흥운동이요, 이후에도 우리나라 기독교가 가진 부흥회, 사경회, 새벽기도회, 철야기도회, 열정적인 성경공부, 뜨거운 선교의 헌신으로 계속 꽃피워 온 것이다.

1) 기억해야 할 복음의 위대성과 교단 신학의 강조점

그런데, 마지막으로 한 가지 분명히 기억해야 할 것이 있다. 그것은 우리나라의 전통적인 종교라고 할 수 있는 무교, 불교, 유교와 다른 기독교 복음의 고유하고 독특한 특성이다. 한국의 기독교가 우리나라 사람들의 종교성과 연결되어 부흥했지만, 그렇다고 해서 기독교 복음이 가진 고유한 특성을 훼손시켜서는 결코 안 된다는 점을 기억해야 한다.

기독교 복음은 인간이 종교적으로나 도덕적으로 더 나은 삶을 살고, 더 나은 사회를 이루고자 하는 노력을 강조한다. 이것은 다른 종교 전통과 같다. 그러나 기독교 복음은 우리가 아무리 종교적으로 완전한 삶을 살기 위해 노력해도 인간의 근본적인 죄성(罪性) 때문에 인간의 노력만으로는 완전한 신적 존재가 될 수 없다고 가르친다. 이것은 기독교가 타 종교와 다른 아주 중요한 특성이기 때문에 좀 더 자세히 살필 필요가 있다.

만약에 불교나 유교처럼 내가 열심히 수행이나 수양을 해서 신적인 존재가 될 수 있으려면 여기에는 두 가지 전제가 해결되어야 한다. 우선 첫째로 겉으로 의로운 행동만이 아니라 마음속의 사사로운 욕심(또는 죄)을 향한 동기도 완전히 조절할 수 있어야 한다. 그러나 인간은 겉으로는 잘못된 욕심이나 죄를 짓지 않는 것처럼 보일 수는 있지만, 마음속에 꿈틀거리는 사사로운 욕심을 향한 죄악의 동기까지 완전히 극복할 수 없다고 보는 것이 정확하다. 그리고 두 번째는 시간적인 문제도 해결되어야 한다. 사실 모든 사람은 잠시 또는 한동안은 자신의 죄와 죄를 향한 동기를 조절할 수도 있다. 그러나 그 누구도 예외 없이 이 세상에 육체를 가지고 살아가는 '평생 동안' 그러한 죄와 욕심에 대한 유혹을 완전히 극복할 수 있는 사람은 없다고 보는 것이 정직한 견해이다. 과연 그 누가 육체를 가지고 죽음의 순간까지 '항상' 신적인 삶을 살 수 있겠는가? 이렇게 사사로운 욕심(죄악)을 향한 마음의 동기까지, 일시적인 것이 아니라 영원히 죄(욕심)를 극복하는 것은 불가능하다고 보는 것이 인간의 본질을 정확히 성찰한 결론이라고 할 것이다.

그래서 기독교 성경에는 이런 면에서 '모든 사람은 다 죄인'(롬 3 : 23)이라고 가르친다. 성경에서 말하는 죄인이라는 선언은 결코 양적인 죄를 말하는 것이 아니다. 죄를 양적으로만 따지면 죄를 더 지은 사람과 덜 지은 사람으로 나누어 말할 수 있다. 그러나 죄의 양에 관계없이 모두가 다 질적인 죄인인 것은 분명하다. 이것이 바로 성경에서 말하는 모든 사람이 다 죄인이라는 뜻이다.

그렇다면 이 세상의 모든 사람들 중에서 죄를 완전히 극복할 수 있는 사람은 없다. 이것을 기독교식으로 표현하자면, "내가 나를, 즉 인간은 스스로를 결코 구원할 수 없다!"는 결론에 이르게 된다.

그럼 내가 나를 구원할 수 없으면 어떻게 되는가? 나를 대신해서 나의 죄를 해결해 줄 수 있는 존재가 필요하다. 그래서 하나님께서 보내신 분이 바로 참하나님이시면서 참인간이신 예수 그리스도이시다. 그 예수 그리스도께서 인류가 스스로 해결할 수 없는 죄의 문제를 대신해서 다 맡아 십자가 죽음으로 해결하셨기에, 기독교인은 예수 그리스도를 '구원자'라고 고백하는 것이다. 이 점이 불교에서 석가모니를 선각자(先覺者)로 부르거나 유교에서 공자를 성인(聖人)으로 부르는 것과 분명히 다른 기독교 복음의 고유한 특성이다.

그래서 앞으로 아무리 사회가 다원화되어 종교다원주의가 더 성행해도 이 복음의 특성을 분명히 붙잡아야 한다. 이것이 기독교인의 정체성이요, 우리나라의 종교적 특성과 다른 기독교인들이 반드시 기억해야 할 복음의 고유한 특성이기 때문이다.

그리고 이 고백에 든든히 선 기독교인이라면, 앞으로 이 사회와 이 나라를 더욱 바르게 세워 가기 위해서 다른 종교와 실천적으로 협력하는 것은 얼마든지 가능하다. 이 복음 위에 바로 서면 우리 교단의 신학을 통합적 신학(統合的 神學)이나 통전적 신학(統全的 神學), 온 신학 어떤 이름으로 불러도 크게 문제되지 않을 것이다. 그래서 우리 교단의 신학은 신학적으로 보수적인 입장과 진보적인 입장에 대해 온전하게 하는 차원에서 더 나아가 다른 종교와도 얼마든지 실천적인 면에서 연대할 수 있다고 본다. 그래서 본 교단의 신학은 통전적이고 조화적이어야 한다. 이 말은 포용할 것은 얼마든지 포용하되 인간의 한계성(죄성)에 대한 깊은 통찰을 통해 예수 그리스도만이 유일한 구원자라고 고백하는 기독교 복음의 본질적인 특성을 든든히 붙잡아야 한다는 것이다. 이것이 앞으로 우리 교단의 신학이 나아가야 할 바람직한 방향이라고 생각한다.

4. 나가는 말

그러면 앞으로 우리 교단에 속한 교회와 성도들은 어떻게 해야 할까? 이 글의 본론에서 나온 내용을 종합하면 그 방향을 분명히 알 수 있다.

첫째로, 교회와 교회 지도자는 성도들로 하여금 '아, 정말로 우리 교회는 고향 같은 곳이구나!' 하는 것을 느낄 수 있도록 해야 한다. 예배를 통해서 하나님의 말씀이 온전히 울려 퍼지고, 모두들 환한 얼굴로 하나님을 찬양하고, 온전히 하나님과 함께하는 천국(고향) 같은 교회라고 느낄 수 있도록 모든 예배와 목회 프로그램이 운영되어야 한다.

둘째로, 우리는 주님 안에서 하나라는 복음적인 우리의식을 강화해야 한다. 교회 안에서 갈등과 다툼이 생겨 교회 밖의 이웃들에게 비난받는 일을 삼가야 한다. 세상에서 이런저런 이유로 힘들고 외로운 삶을 살던 이들도 교회에 오면 그저 행복하고 즐거운 치유공동체가 되어야 한다. 아울러 교회는 '우리'의 범위를 세상을 향해 넓혀야 한다. 교회의 성도들만 행복한 '끼리끼리'의 문화를 걷어내고 동네 사람들, 이웃이 고마워하고 자랑스러워하는 교회를 만들어야 한다.

셋째로, 교회의 성도들은 넉넉한 마음을 품어야 한다. 뜨거운 종교적 열심을 가지고 하나님을 섬기는 다양한 프로그램을 개발해야 한다. 그래서 성도들이 자신에게 맞는 방법으로 하나님을 더 잘 섬기도록 해야 한다. 그리고 넉넉한 마음으로 그런 다양성을 품어야 한다. 하나님을 믿으면 믿을수록 더 마음이 넉넉해지고 다른 사람들을 품을 수 있어야 성숙한 성도인 것이다.

모두들 한국교회의 위기라고 말한다. 그런데 위기에는 정말 긍정적인 요소가 있다. 무엇이 잘못된 것인가를 스스로 살피게 한다는 점이다. 이제라도 우리 교회가 잘못하고 있는 것은 무엇인지, 성도들과 이웃이 정말 교회에 원하는 것은 무엇인지, 그 무엇보다 하나님께서 우리 교회에 정말 간절하게 원하시는 것이 무엇인지 끊임없이 물어야 한다. 그래서 하나님께서 기뻐하시는 교회가 되면 위기는 도리어 기회가 될 것이다. 이 땅의 교회가 하나님의 나라를 확장하는 전초기지가 되기를 간절히 바란다.

/ 토론주제

1. 우리 교회에 다니면서 '정말로 우리 교회는 고향처럼 좋은 곳이구나!' 하고 느끼며 감사했던 경험을 서로 나누어 봅시다.
2. 우리 교회가 정말 고향처럼 따뜻한 교회가 되기 위해서 좀 더 보완하고 노력해야 할 사역에는 무엇이 있을까요? 또 직분자들이 할 수 있는 일은 무엇일까요?
3. 우리 교회에서 상대적으로 많이 힘들어하고 지친 공동체나 소그룹은 어디일까요? 그런 공동체를 위해서 여러분이 할 수 있는 일은 무엇일까요?
4. 교회가 속한 마을과 이웃을 향해 '우리'의 범위를 좀 더 넓히기 위해서 교회가 해야 할 사역에는 무엇이 있을까요? 실제적이고 구체적인 방법을 서로 나누어 봅시다.
5. 교회 안의 다양한 그룹과 다양한 신앙적인 색깔에 대해서 내가 정죄하거나 불편해한 적이 있나요? 틀린 게 아니라 다른 것을 받아들이지 못해서 마음이 상했던 경험을 서로 나누어 보며 돌아보는 기회를 가져 봅시다.

/ 참고문헌

1. 이기동. 『곰이 성공하는 나라』. 서울 : 동인서원, 2005.
2. 배요한. 『신학자가 풀어 쓴 유교 이야기』. 서울 : IVP, 2014.
3. 배요한. 『복음이란 무엇인가』. 파주 : 서로북스, 2021.
4. 배요한. "21세기, 세계화 시대 속의 기독 한국인 : 한국인, 어떤 사람들일까?" 『교육교회』 2010년 1-12월호.

우리 교단의
신학적 고백과
핵심 교리

김만준 목사(덕수교회)

1. 들어가는 말

　우리 교단(예장 통합)은 6개의 교리서를 공식적으로 갖고 있다. 사도신경, 12신조, 웨스트민스터 신앙고백서와 소요리문답, 100주년 기념 대한예수교장로회 신앙고백서(1986), 21세기 신앙고백서(2003)이다.[1] 우리 교단의 교리(신앙고백)가 무엇인지 알기 원한다면 위의 6가지 신앙고백서들을 자세히 공부해야 한다. 그런데 6가지 신앙고백서의 내용은 대단히 방대하다. 사도신경에는 초대교회의 정황이 담겨 있고, 웨스트민스터 신앙고백서와 요리문답에는 종교개혁 시대 이후의 정황이 담겨 있고, 12신조에는 한국교회의 초기 정황이 담겨 있고, 100주년 기념 대한예수교장로회 신앙

---

1) 대한예수교장로회총회 헌법개정위원회 편, 『헌법』(서울 : 한국장로교출판사, 2019), 33-174.

고백서(1986)와 21세기 신앙고백서(2003)에는 오늘의 정황인 한국교회의 정치적, 사회적 책임의 문제와 새로운 성경연구에서 제기되는 많은 문제들이 담겨 있다.

교리란 성경의 가르침을 체계화시키고 삶의 다양한 문제들에 대해 자세하게 답하는 것이다. 성경은 모든 신학과 교리의 원천이 되며 성도의 신앙과 생활의 유일한 표준이 된다. 그렇기에 교리란 성경과 관련 없는 어떤 것이 아니고 성경의 내용과 성도들이 믿고 있는 바를 체계적으로 정리하여 설명하는 것이다.

그러나 성경 안의 주제들은 너무나도 방대하고 다양하다. 예를 들면 구원론에 관한 문제만 해도 성경의 가르침은 다양하다. 오직 믿음으로 구원받는다는 말씀도 있지만 하나님의 뜻대로 행하는 자가 구원받는다는 말씀도 있다. 종말론에 있어서도 사람이 죽으면 무덤에서 자다가 주님의 재림을 기다린다는 말씀도 있지만 죽으면 즉시 천국과 지옥으로 곧장 가는 것으로도 말씀한다. 그리고 세상 종말이 세상 만물의 파괴로 나타나기도 하지만 한편 세상 만물의 회복에 관한 말씀으로도 나온다. 이같이 다양하고 복잡한 내용들을 체계적으로 정리하여 교리화하는 일이 결코 쉽지 않다. 결국 교단에 따라 서로 다른 이해와 입장 차이를 가지게 되고, 각 교단별로 교리와 신앙고백을 가지게 되는 것이다. 여러 개신교회 교단들이 합일하는 교리를 정통교리로 삼고 이러한 정통교리에서 벗어난 집단을 이단으로 분류하고 분별하는 것이다.

교리를 공부하는 목적은 우리가 믿고 있는 바가 무엇인지 우리 믿음의 정체성 확립을 위해서이고, 또한 이단들을 막기 위해서이다. 이단에 대한 근본적이고 적극적인 대책은 교회가 평신도들에게 바른 성경공부를 시키고 교리와 기초 신학에 대한 지속적인 교육을 실시하는 데 있다.

기독교의 기본적인 교리는 계시론, 성경론, 신론, 인간론, 기독론, 성령론, 구원론, 교회론, 종말론을 들 수 있다. 2천 년 교회사를 통해 이러한 항목들의 교리논쟁은 치열했고, 그 양상은 다양했으며, 많은 변화가 있었다. 이 글에서는 우리 교단(예장 통합)에 속한 평신도라면 반드시 알아야 되는 가장 기본적인 교리(신론, 기독론, 성령론, 교회론, 종말론)와 그 내용을 핵심적으로 다루고자 한다.

2. 신학적 고백들과 핵심 교리들

1) 신론

성경은 우리에게 하나님은 한 분임을 선언하면서도, 그 하나님은 성부와 성자와 성령으로 계심을 보이고 있다. 이를 우리는 신학적으로 '삼위일체'라고 부른다. 세 분이 한 분으로 존재하신다고 하는 이 신비한 교리는 교회사적으로 이단들과의 논쟁에서 비롯되었다. 한 분 하나님만 강조하는 일신론 이단들과 세 분 하나님을 강조하는 삼신론 이단들과 싸우며 전통 교회에서는 이렇게 설명했다. 세 분 하나님은 구별되는 각각의 존재이면서도 서로 혼동되거나 나뉠 수 없는 한 분 하나님으로 계신다. 그리고 성부, 성자, 성령 하나님은 시간적으로 영원 전부터 영원까지 계시지 않았던 때가 없으시고, 신성과 권능으로는 본질적으로 동일하시고 동등하시다. 즉, 서열의 차등이나 종속의 관계가 아니라고 주장하였다. 사역에 있어서는 성부와 성자와 성령은 서로 구별되는 고유한 사역을 지니면서도 각각의 고유 사역 속에 모두가 함께 동참한다. 성부의 주된 사역은 '창조' 사역이지만, 성자와 성령도 '창조' 사역에 함께하셨다. 성자의 주된 사역은 십자가의 '구속'사역이지만, 성부와 성령도 '구속'사역에 함께하셨다. 성령의 주된 사역은 '성화'사역이지만, 성부와 성자도 '성화'사역에 함께하신다.

성부 하나님에 대해 이해하자면 성부의 속성적인 부분과 인격적인 부분과 사역적인 부분을 두루 살펴보아야 하는데, 그 양이 너무도 방대하다. 그런데 감사하게도 각 부분을 단 한마디로 정리한 신앙고백이 있다. 바로 사도신경이다. "나는 전능하신 아버지 하나님, 천지의 창조주를 믿습니다." 성부 하나님의 대표적인 속성이 '전능'이며, 인격적인 면은 '아버지'이며, 사역적인 면은 '창조'이다.

하나님의 전능하심이란 무엇이든지 못하시는 것이 없으신 하나님의 능력을 말하는 것뿐만 아니라 세상을 다스리시는 하나님의 무한한 권세를 의미하는 말이다. 이 같은 전능하신 하나님이 나의 아버지가 되셔서 나를 위해 일하실 때, 조금도 실수함 없이 완전하시고 결과적으로 선을 베풀어 주시는 신실하신 하나님이 되신다는 것은 우리에게 큰 감동이 된다.

하나님의 아버지 되심은 세상을 이처럼 사랑하사 독생자를 보내 주신 사랑의 아버지이시며, 탕자와 같은 우리를 위해 기다리시고 용서를 베풀어 주시는 용서의 아버지로서 인간적이고 인격적인 모습을 보여 주신다. 본질적으로 하나님은 도무지 우리와 관계할 수 없는 신적 존재이지만, 자녀 된 우리와 계속해서 관계를 맺으시고자 하신다는 의미에서 인격적이신 분이다.

하나님의 중심 사역은 창조이다. 하나님은 만물을 선하신 뜻대로, 보시기에 좋게 창조하셨다. 하나님의 창조에는 불완전이나 실수가 없다. 그러나 세상에는 죄와 악과 죄악을 도모하는 사탄과 그의 세력들도 있고 죄악의 도구로 사용되는 생명이나 물질도 있다. 하나님께서는 모든 존재를 선하게 창조하셨으나 그 일부가 스스로 욕심을 내어 범죄하고 타락한 것이다. 그들이 스스로 범죄할 수 있었던 것은 하나님께서 그들에게 자유의지를 주셨기 때문인데, 자유의지를 주셨다고 해서 악의 책임을 하나님께로 돌릴 수는 없다. 인간에게 자유의지가 있는 이유는 하나님께서 인간을 비롯한 모든 만물을 인형이나 기계처럼 만드시지 않고, 하나님 자신의 본질적 성품 중에 하나인 자유하심을 닮도록 자유로운 존재로 만드셨기 때문이다. 피조물들로부터 경배와 찬양을 받으시기를 기뻐하시되 강제적이고 피동적인 경배가 아니라 자발적이고 자유로운 경배와 찬양을 받으시길 원하셨다. 따라서 자유의지를 가지고 스스로 타락하고 범죄한 결과를 하나님의 창조로 돌려서는 안 된다.

그리고 이 주제는 하나님의 전능하심과도 관련이 있다. 소위 '신정론'이라 부르는데, 하나님이 전능하신 하나님이시라면 왜 세상에 죄와 악과 사탄과 그의 악한 도구들로 인한 현상들이 일어나는가 하는 것이다. 하나님의 전능하심과 인간의 자유의지는 오랜 논쟁거리였다. 세상에서 꾸준히 발생하는 죄와 악과 악한 현상들이 사탄의 의도이든 혹은 인간이 잘못 사용한 자유의지로 발생한 것이든, 앞서 말한 대로 이것이 하나님의 책임 밖에 있더라도 전통교리의 가르침은 전능하신 하나님께서 그것들의 발생 가능성에 대해 무지하셨거나 무관심하셨거나 무능력하시거나 무관하다는 뜻이 아니다. 결코 죄와 악과 사탄적 존재들과 악한 현상들이 하나님의 주권 밖에 있을 수 없다. 세상에 존재하는 선과 악, 모두는 하나님의 주권 안에 있다.

기독교에서 말하는 선과 악은 헬라 철학이 말하는 것처럼 이원론적이지 않다. 헬라 철학에서 선은 좋은 것이고 악은 나쁜 것으로 분명한 구분이 있고, 선과 악은 빛과 어둠처럼 서로 넘나들 수 없는 것으로 이해하지만, 기독교의 선과 악의 개념은 다르다. 선함 가운데 악함이 있고, 악함 가운데 선함이 있는 것으로 이해한다. 사람도 완전히 악하거나 완전히 선한 사람이 있을 수 없고, 사건도 보기에 따라서는 선과 악이 공존하며, 이에 고난과 고통을 악이라고만 할 수 없다. 그 가운데는 하나님의 선하신 뜻과 목적이 숨어 있는 것이다. 어떤 사람의 눈에는 사탄의 장난으로 보이지만 믿음의 눈으로 보면 그 이면에 계시는 하나님의 역사를 보게 되는 것이다.

이와 같이 하나님께서는 그가 사랑하는 존재들에게 일어날 모든 죄와 악과 불행에 대해서 이미 다 아시고, 그의 독생자와 십자가 안에서 모든 해결을 예비해 두셨다. 뿐만 아니라 인간의 고통과 불행에 대해서 멀리서 방관하시는 분이 아니라 아파하는 우리 곁에서 함께 고통당하신다. 이러한 점에서 하나님의 전능하심이란 스스로 우리와 같이 낮아지시고 고통당하시는 무능하심까지 포함하는 전능하심인 것이다.

2) 기독론

성자이신 예수 그리스도에 관한 교리를 기독론 혹은 그리스도론이라고 부른다. 기독론을 설명하기 위해서는 필연적으로 인간론과 구원론을 다루게 된다. 다른 모든 피조물들과 인간 사이를 결정짓는 차이점은 인간이 유일하게 하나님의 형상에 따라 지음 받은 존재라는 것이다. 하나님께서 인간을 그의 형상대로 창조하셨다는 것은 하나님이 인간의 얼굴 모습이나 신체 모양을 갖고 계신다기보다 하나님께서 인간과의 교제를 위해서 특별한 관계 속에 두고자 창조하셨다는 것이고, 이러한 관계를 위해 인간에게 합당한 성품을 주셨다는 것을 뜻한다. 이처럼 하나님은 인간과 계속적으로 깊은 교제를 나누기 원하셨다. 하지만 첫 사람 아담과 하와는 하나님께서 주신 자유를 오용함으로써 스스로 불행을 초래하였다. 사탄의 유혹에 넘어감으로써 하나님께서 따 먹지 말라고 명하신 나무의 열매를 따

먹는 불순종을 저질렀다. 아담과 하와의 범죄로 말미암아 그들 자신뿐만 아니라 온 인류가 부패한 본성을 지니게 되었고 모두가 하나님 앞에 죄인이 되었다. 죄는 그 주된 결과로서 인간에게 죽음을 가져왔다. 이와 같이 인간은 죄로 인하여 하나님의 형상을 상실했으며 하나님과의 교제는 물론 이웃과의 교제도 상실했고 개인적이고 구조적인 온갖 죄악들을 낳았던 것이다. 이로써 하나님과 인간 사이에는 한 중보자가 꼭 필요하게 되었는데, 그 중보자가 바로 예수 그리스도이시다.

고대교회 시대에는 '예수가 누구인가?'로 열띤 논쟁을 벌였다. 특히 예수님의 신성과 인성, 즉, 참하나님과 참인간에 대한 논쟁이었다. 고대교회의 대표적인 신조는 크게 서방교회의 신조와 동방교회의 신조로 나눌 수 있는데, 서방교회의 신조는 '사도신경'이고 동방교회의 신조는 총 7개의 신조들이 있다. 그중에서 개신교가 인정하고 받아들이는 대표적인 신조는 '니케아-콘스탄티노플 신조'(381년)와 '칼케돈 신조'(451년)이다. 특히 동방교회의 신조들을 보면, 예수님의 인성과 신성에 대한 치열한 이단들과의 논쟁의 역사를 확인할 수 있다. 결과적으로 니케아-콘스탄티노플 신조에서는 "……우리는 한 분 예수 그리스도를 믿습니다. 그분은 영원히 아버지로부터 나신 하나님의 독생자로서 빛으로부터 오신 빛이시요, 참하나님으로부터 오신 참하나님이십니다. 그분은 피조된 것이 아니라 나셨기 때문에 아버지와 본질이 동일하십니다. 만물은 그로 말미암아 지은 바 되었습니다. ……"라고 고백한다.[2] 칼케돈 신조에서는 "우리 주 예수 그리스도는 아버지 하나님과 완전히 동일하신 하나님의 아들이시며, 이 동일하신 분은 신성에 있어서 완전하시고, 인성에 있어서 완전하시며, 참하나님이

---

2) 위의 글, 173.

시며, 참인간이시고, 이성적인 영혼과 몸으로 구성되셨다. 그는 신성에 있어서 아버지와 동일 본질이시고 인성에 있어서 우리와 동일 본질이시지만 죄를 제외하고는 우리와 똑같으시다. ……"라고 고백한다.[3]

이와 같이 성육신하신 예수 그리스도는 참하나님과 참인간으로서 하나님과 인류 사이에 다리를 놓으신 중재자이시며, 죄로 죽을 수밖에 없는 인간을 구원하시기 위해 십자가에서 화목제물로 죽으신 유일하신 구원자이시다. 칼케돈 신조에서 "죄를 제외하고는 우리와 똑같으시다."라고 고백한 이유는 죄가 없으셔야 죄인들을 위해 희생제물이 되실 수 있기 때문이다.

이처럼 예수님의 십자가에는 인간을 구원하기 위한 하나님의 사랑이 나타나 있다. 하나님의 뜻에 순종하여 십자가에서 죽으신 예수님께서는 사흘 만에 부활하심으로 죄와 사탄의 권세를 이기셨다. 이제 부활하신 예수님은 세상의 주님으로서 왕 중의 왕으로 높임과 영광을 받으셨다.

기독론에서 우리가 분명히 해야 할 것이 두 가지가 있다. 하나는, 예수님은 하나님의 유일한 아들(독생자)이시기에 계시론적 입장에서 오직 예수님만이 하나님을 아는 유일한 계시가 되며, 구원론적 입장에서 구원에 이르는 유일한 길이 되신다는 사실이다. 오직 예수님께만 구원의 유일성이 있다. 다른 하나는, 예수님의 공생애 동안 선포하신 말씀(메시지)과 보여 주신 삶의 큰 주제는 '하나님 나라'였다는 사실이다. 그렇기에 예수님을 따르는 제자들과 교회들은 예수님이 선포하고 보여 주신 '하나님 나라'를 이 땅 위에 증거하고 확장하는 일에 순종하는 삶을 살아야 한다는 것이다.

---

[3] 대한예수교장로회총회 교육자원부 편, 『개혁교회의 신앙고백』(서울 : 한국장로교출판사, 2007), 73.

3) 성령론

성령님은 하나님의 본체인 삼위 중 한 위격으로서 성부 하나님과 성자 예수님과 동일한 신적 속성과 능력과 영원성을 가진 하나님이시다. 그렇기에 아버지와 아들과 더불어 동일한 예배와 영광을 받으신다. 성경에서 성령님은 '하나님의 영', '그리스도의 영', '보혜사', '진리의 영', '생명의 영', '믿음의 영' 등 다양한 명칭으로 나타난다. 성령님은 성도 개개인의 구원을 이루시며, 성도의 삶(생명)을 새롭게 변화시키실 뿐만 아니라 교회와 세상에 대해서도 적극적으로 개입하셔서 하나님의 뜻을 이루신다.

성령님도 신성을 지닌 인격적 존재이기에 자신의 의지에 따라 자유롭게 인간의 형편을 이해하시고 도와주신다. 이러한 성령님의 인격성을 무시한 채, 성령님을 어떤 신비한 힘이나 능력으로 오해하여 신령한 자가 "성령 받아라." 하며 던지거나 받을 수 있는 것으로 또는 성령을 마음대로 부릴 수 있는 것으로 또는 성령을 부와 성공과 치유를 위한 도구로 개인이 사용할 수 있는 것처럼 잘못 이해하는 경우가 있다. 이는 성령님을 예배와 영광을 받으시는 삼위일체 하나님의 한 분이며, 신성을 지닌 인격적 존재로 이해하지 않는 오해에서 비롯된 것이다.

성령님의 사역은 너무나도 다양하다. 크게 구분하자면, 하나는 한 개인의 믿음과 구원과 삶에 구체적으로 관여하시고, 또 하나는 한 개인을 벗어나 교회에 활력을 불러일으키시고 세상을 새롭게 변화시키는 사역으로 나눌 수 있다. 우선 한 개인의 구원에 영향을 주시는 성령님의 사역은 개인으로 하여금 예수님을 알게 하고 영접하게 하고 믿음을 불러일으키고 회개하게 하고 의롭다 칭해 주셔서 하나님의 자녀 됨을 확증해 주신다. 성령님은 옛사람을 버리고 거듭나게(중생) 하셔서 새로운 생명을 가진 새로운 존재가 되게 하신다. 그리고 계속해서 구원의 완성에 이르기까지 성화의 삶을 살도록 구체적으로 우리의 삶에 관여하신다.

다음으로 교회와 세상을 향한 성령님의 사역을 살펴보면, 성령님은 증거의 영으로서 자발적으로 복음을 전하게 하신다. 복음이 증거되어 하나님의 사람들이 많아지면 교회가 세워지게 되고 교회를 통하여 세상을 향해 하나님의 나라가 확장되도록 이끄신다. 특히 성령의 중요한 사역은 '성도의 교제'이다(고후 13 : 13). 교회 안의 성도만이 아니라 교회 밖의 이웃들과도 사랑의 교제를 나누게 하신다. 그리하여 온 세계를 그리스도의 사랑의 공동체로 만들고자 하신다. 더 나아가 성령님은 온 세상 위에 하나님의 뜻이 이루어지는 자유와 정의와 평화와 사랑의 나라가 실현되기를 간절히 바라신다.

성령님의 은사에 대해서도 바른 이해가 필요하다. 은사라는 말은 하나님이 값없이 주시는 선물, 곧 은혜의 선물을 뜻한다. 성령님께서는 교회의 구성원인 성도들에게 여러 은사들을 베푸신다. 성경에 보면 고린도전서 12 : 8~10, 28~30, 로마서 12장, 에베소서 4장, 고린도전서 7장, 13장 등 다양한 은사들이 나타나고 있다. 이런 다양함 중에 은사를 비교하여 우열을 가려서는 안 되고 겸손한 자세로 은사를 주신 목적을 바르게 알아야 한다. 즉, 성령님께서 우리에게 은사를 주심은 그 은사를 잘 활용하여 주님의 몸 된 교회 공동체와 이웃을 섬기고 봉사하라고 하심이다.

성령의 열매에 대해서도 바른 이해가 필요하다. 성령의 은사는 성도에게 주신 각각의 특별한 능력과 임무인 데 비하여 성령의 열매는 모든 그리스도인의 삶 속에 나타나는 삶의 열매들이다. 갈라디아서 5 : 22~23에 의하면 성령의 열매는 9가지이다. 즉, 사랑과 희락과 화평과 오래 참음과 자비와 양선과 충성과 온유와 절제이다. 성령의 열매는 내주하시는 성령님의 직접적이고 자연스러운 결과이며 점진적인 과정을 통해서 풍성한 열매를 맺게 된다. 그러므로 이 성령의 열매는 한 사람의 영성의 시금석일 뿐만 아니라 그리스도인의 행동의 품위를 확인할 수 있는 시금석이 된다.

성령 충만에 대해서도 바른 이해가 필요하다. 성령 충만을 받는다는 것은 내가 온전히 성령님께 사로잡혀 성령님의 강력한 지배를 받는다는 뜻이다. 그래서 성령 충만에 대해 가시적 은사(방언, 병 고침, 귀신 쫓음, 예언 등)로만 오해하는 경우가 있다. 그러나 앞서 살펴본 대로 성령님의 내주로 인해 점진적인 성령의 열매 맺음이 가능한 것처럼, 우리 안에서 일어나는 성령의 충만함도 개인의 인격과 성품과 밀접한 관계가 있다. 즉, 성령 충만할 때 우리의 인격과 성품까지 성령님께서 원하시는 대로 주장하시고 바꾸셔서 주님을 닮아 가도록 변화시킨다. 더 나아가 성령 충만하며 우리의 감정과 생각과 의지까지도 성령님의 뜻과 의지대로 바꾸셔서, 내 뜻이 성령님의 뜻이 되고 내 의지가 성령님의 의지가 되어 내 판단, 내 주장, 내 가치관이 점점 성령님께서 원하시는 대로 변하게 되어 나중에는 성령님께서 나를 온전히 주장하시게 되는 데까지 이르는 것이다. 이를 성령 충만한 상태로 이해해야 한다.

그렇다면 우리가 성령 충만을 어떻게 유지할 수 있을까? 시편 51 : 11에서 다윗은 "나를 주 앞에서 쫓아내지 마시며 주의 성령을 내게서 거두지 마소서"라고 기도한다. 이 구절에 의하면 성령님은 우리를 떠나실 수도 있는 것이다. 시편 51편은 다윗이 밧세바와 동침한 것을 철저히 회개하며 드린 기도문이다. 여기서 알 수 있는 것은 죄를 짓고 더러운 악한 생각에 사로잡혀 있다면 성령님께서 계속 우리 안에 내주하실 수 없다는 것이다. 그렇기에 우리는 꾸준히 하나님의 말씀을 잘 듣고 그 말씀에 순종하며, 성령님의 뜻하심대로 좋은 생각과 선한 생각을 하면서 거룩하고 성결하게 살려고 노력해야 한다. 그래야 성령님께서 내 안에서 점점 나의 생각과 의지와 가치관을 성령님으로 물들게 하셔서, 결국에는 완전히 나의 모든 것이 성령님께 사로잡혀 성령 충만하도록 만들어 주시는 것이다. 이 정도의 성령 충만한 영적인 상태가 되면 무슨 일을 만나든지 걱정과 근심이 없고, 늘 기쁘고 평안하고 감사한 생활을 하게 된다. 그리고 성령 충만한 성도가 되면 무엇보다 성령님께서 뜻하시는 바, 하나님 나라의 확장을 위하여 쓰임 받는 충성스러운 일꾼이 되는 것이다.

4) 교회론

교회를 어떻게 정의할 수 있을까? 성도들의 공동체라고 정의할 수 있다. 종교개혁자 루터는 교회를 믿음을 가진 사람들의 모임, 곧 성도들의 모임으로 정의했다. 눈에 보이는 건물로서의 교회는 엄밀히 말하면 예배당이라고 불러야 한다. 교회는 예수 그리스도를 주로 고백하는 성도들의 공동체이고, 그리스도를 머리로 받들고 있는 그리스도의 몸이다.

하나님께 속한 교회, 예수 그리스도께서 머리가 되는 교회, 성령님의 거룩하게 하시는 사역이 있는 교회는 오순절 성령강림 사건 이후에 세워졌다. 복음을 선물로 받은 성령 충만한 사도들이 이 복음을 선포했을 때, 많은 무리들이 모이면서 초기 기독교회의 역사가 출발했다. 이처럼 교회는 말씀과 성령으로 세워졌다. 칼 바르트는 교회의 본질은 제도나 조직이 아니라 '말씀의 사건'이라고 정의했다. '말씀의 사건'이란, 말씀하시는 하나님과 그 말씀을 듣는 인간이 만나는 사건을 뜻하는 것이다. 말씀이란 구체적으로 말씀 자체이신 예수 그리스도와 하나님의 영감(감동)으로 쓰여진 성경과 성령 충만한 목회자로부터 선포되어지는 설교를 뜻한다. 교회는 말씀 중심이 되어야 한다. 또한 교회의 본질은 '성령의 사건'이다. 성령님께서 교회의 시작을 이루셨을 뿐만 아니라 교회 안에서 행해지는 예배와 예식들, 즉 세례와 성만찬과 설교와 가르침을 통하여 믿는 사람들을 예수 그리스도와의 신비적인 연합과 칭의와 성화에 이르도록 인도한다. 그리고 교회의 직제와 제도를 성령님이 주관하시는데, 시대마다 직제와 제도는 변천해 왔다. 직제와 제도는 성령님의 주도하심으로 변천될 수 있다. 이런 의미에서 교회는 말씀의 사건이고, 성령의 사건이며, 동시에 제도이다.

사도신경의 교회론은 "거룩한 공교회를…… 믿습니다."라고 고백한다. 교회가 거룩한 것은 성령님의 죄 사함의 은혜로 인한 것이지, 교회 구성원들의 경건의 노력으로 인한 것이 아님을 분명히 해야 한다. 그런 점에서 루터는 교회의 거룩성을 능동적이 아닌 수동적 거룩성으로 이해했다. 또한 교회의 거룩성은 일회적인 것이 아니다. 성령님의 지속적인 구원 사역 아래에서 계속적으로 거룩해져 가는 과정, 즉 진행형의 과정으로 이해해야 한다. 칼뱅도 『기독교강요』에서 말하기를 "교회의 거룩함이란 아직 완전한 것이 아니다. 그러므로 교회는 날마다 거룩을 향하여 전진한다는 의미에서 거룩하다. 그러나 아직 완전한 것은 아니다. (중략) 교회는 날마다 발전해 가는 중이지만 아직 그 거룩의 목표에 이르지 못하였다는 것이다"(『기독교강요』, IV, 1, 17). 따라서 거룩한 교회의 근거는 현재 교회의 도덕적 완전성에 있지 않고, 그들의 불완전함에도 불구하고 교회를 거룩하게 만드시는 성령의 주도적 사역에 있는 것이다.

다음으로 라틴어로 작성된 사도신경의 '카톨리카'는 보편성을 말한다. '보편성'이라는 것은 시간적/시대적으로 혹은 장소적/지정학적으로 보편적이라는 의미이다. 시간적/시대적 보편성이란 과거나 현재나 미래에 이르기까지 하나의 교회요, 일치된 교회라는 의미이고, 또한 시대가 바뀌었다고 해서 그 시간이나 시대에 따라 교회의 정체성이 바뀔 수 없다는 의미에서의 보편성이다. 그리고 장소적/지정학적 보편성이란 한국에 있는 교회나, 미국이나 유럽에 있는 교회나, 중국이나 아프리카에 있는 교회가 서로 다르지 않다는 의미이다. 또한 국가나 민족이나 문화적 성향에 따라 교회의 정체성은 결코 달라지지 않는 보편성이 있다는 것이다.

그리고 거룩성과 보편성은 분리해서 설명될 수 없다. 이 둘은 교회가 가지고 있는 동전의 양면이다. 교회는 본질상 이중적 사역을 가진다. 세상으로부터 구별되어 주님을 향하는 내적인 사역(예배와 영성훈련)과 주님의 증인으로 세상을 향해 나아가는 외적인 사역(선교와 섬김)이다. 이 같은 이중적 사역에 있어서 교회의 거룩성이 교회와 세상을 구별 짓는 성격이라면, 교회의 보편성은 세상을 향해 자신을 개방하는 교회의 성격을 뜻한다. 교회가 세상에 영합되는 것을 경계하는 말이 거룩성이라면, 교회가 세상을 향해 자신의 문을 열고 세상과 소통하는 개념을 보편성이라고 할 수 있다. 따라서 보편성을 외면한 거룩성은 바리새주의로 전락할 수 있고, 거룩성을 포기한 보편성은 세속화로 이어질 위험이 있다. 그러므로 교회는 거룩성과 보편성을 동전의 양면처럼 함께 붙들어야 한다.

서방교회의 신조인 사도신경에서는 거룩하고 보편적인 교회로 고백하고 있지만, 동방교회의 신조인 니케아-콘스탄티노플 신조에서는 "하나의, 거룩한, 보편적, 사도적" 교회를 믿는다고 고백한다. '하나의'의 의미는 원어적 의미로 설명할 수 있다. 성경에 나오는 '에클레시아'는 개교회들을 가리키기도 하고, 모든 개교회들을 포괄하고 넘어서는 하나의 교회 혹은 전(全) 교회를 지칭하기도 한다. 예수 그리스도를 머리로 하고 그분을 몸으로 하는 교회는 하나이다.[4] 그렇기에 WCC의 에큐메니칼운동은 삼위일체 하나님 안에서 전 세계의 교회가 다양성 속에서 통일성을 추구

---
4) 교리교육지침서편찬위원회 편, 『교리교육 지침서 평신도용』(서울 : 한국장로교출판사, 2003), 99.

하는 바 하나되는 운동이지, 제도적인 단일교회를 만드는 것으로 오해해서는 안 된다.

다음으로 '사도적'이란 초대교회 사도들의 복음설교, 세례, 성만찬, 사도적 가르침, 신앙과 순종, 선교와 교역, 기도, 사랑, 고난 및 봉사 등을 이어받는 교회를 뜻한다. 이 사도적 전승은 단순히 역사적 전승만이 아니라 성령의 수직적인 사역에 의한 전승이다.[5] 한 분인 성령님의 지시에 따르기는 하나, 각 교회의 상황과 처지에 따라 성령님의 인도하심이 다를 수 있기 때문에 하나의 사도성을 지닌 교회라도 그 사명이 다를 수 있음을 인정해야 한다.

칼뱅은 교회의 두 가지 표지(표징)가 있는데, 하나는 순전한 말씀 선포와 또 하나는 합법적인 성례전의 집행으로 간주한다. 성례는 하나님께서 사람들에게 주시는 은혜의 수단이요, 통로이다. 가톨릭과 정교회, 성공회는 사용하는 용어가 조금씩 다르지만 일곱 가지 성례(세례, 견신례, 성만찬, 고해성사, 서품성사, 혼례성사, 종유성사)를 인정한다. 하지만 개신교는 세례와 성만찬, 이 두 가지만을 성례로 인정한다. 세례는 예수님 자신이 받으셨고(마 3 : 16), 모든 족속에서 세례를 주라(마 28 : 19) 명령하셨다. 성찬은 예수님이 잡히시기 전날 밤, 제자들과 마지막 만찬을 가진 것이 기원이다(마 26 : 26-29). 우리 교단은 '세례와 성만찬'을 예수님께서 우리에게 주신 성례로 여긴다.

마지막으로 교회의 과제와 목표를 살펴보면, 첫째로 하나님 사랑과 관련된 수직적 차원의 과제로는 예배, 교육, 전도 등이 있고, 둘째로 이웃 사랑과 관련된 수평적 차원의 과제로는 이웃과 사회의 정의와 평화를 위한

---

5) 위의 글, 100.

사회적 책임이 있다. 교회는 교회의 과제로서 이 두 차원을 균형 있게 조화시켜야 한다. 교회의 종국적 목표는 하나님의 나라 건설에 있다. 하나님의 나라는 장소나 영역적 개념이 아니라 통치적 개념으로서 하나님의 통치와 다스림이 있는 나라를 뜻한다. 하나님께서는 자신이 만드신 이 땅에 하나님의 나라가 이루어지길 원하셔서 예수님을 이 땅에 보내어 하나님의 나라를 선포하셨고, 우리에게 기도를 가르치실 때 하나님의 뜻이 이루어지도록 항상 기도하게 하셨다. 교회는 하나님의 나라 확장을 위한 결정적 도구이다. 하나님께서는 하나님의 나라를 최종적으로 완성하시지만, 이 땅 위에 교회를 통해서 하나님의 나라를 확장시키고자 하신다. 교회가 하나님의 나라 건설을 위해 가장 중요한 도구인 이유는 교회만이 하나님의 뜻을 바르게 알고 하나님과 직접적으로 교제하는 공동체이기 때문이다. 하나님 나라의 범위는 하나님께서 창조하신 모든 만물도 포함한다. 그렇기에 교회는 하나님을 사랑하고 인간을 사랑해야 할 뿐만 아니라 자연을 사랑하고 아름답게 관리해야 할 책임이 있다. 교회는 자기 자신을 위해 존재하는 것이 아니라 복음을 증거하고, 정치, 경제, 사회, 창조질서 속에서 하나님의 나라를 확장시키며, 이 땅의 모든 만물을 새롭게 하시는 삼위일체 하나님의 역사에 동참하기 위해서 헌신해야 한다.

5) 종말론

종말론은 성경에 나오는 마지막 날들과 마지막 때에 대한 말씀을 근거로 한다. 종말론에서 다루는 주제는 구원의 완성으로서의 종말, 그리스도의 재림, 인간의 죽음 이후, 심판 후에 가게 될 천국과 지옥, 그리고 새 하늘과 새 땅에 대한 소망 등이다.

구원의 완성으로서의 종말론적 입장은 현재적 종말론과 미래적 종말론으로 구분할 수 있다. 현재적 종말론은 이미(already) 예수님의 초림으로 하나님의 나라가 시작되었음을 알린다. 그러나 동시에 하나님의 나라가 아직 아님(not-yet), 즉 아직 완전히 성취되지 않았다고 하는 미래적 종말론의 관점을 가지고 있다. 현재적 종말론은 주로 요한복음에 나오고(요 3 : 15, 18, 36, 5 : 24), 미래적 종말론은 요한계시록(계 19 : 11, 20 : 11) 등에 나타나고 있다. 바울서신에도 이미(already)와 아직 아님(not-yet)의 역설적 긴장 관계로 구원을 설명한다. 죽음과 부활은 이미 세례에서 일어났으나(롬 6 : 3, 골 2 : 12), 미래에 완성될 것이라고 주장한다(고전 15 : 12). 또한 새로운 창조 역시 이미 실현되었으나(고후 5 : 17) 아직은 이루어지지 않았다고 말한다(롬 8 : 19).[6] 그러므로 우리는 현재, 이미 종말의 시기를 살고 있으면서도 아직은 미래적으로 구원의 완성을 기다리며 살아가고 있다고 할 수 있다.

예수 그리스도의 재림은 심판과 연결되어 있다. 사도신경에는 "살아 있는 자와 죽은 자를 심판하러 오십니다."라고 표현하고 있다. 살아 있는 자들이 주님의 재림과 더불어 심판을 맞이하게 되는 데에는 별 문제가 없는데, 이미 죽은 자들은 어떻게 심판을 맞이하는가? 하는 의문이 생기게 된다. 전통적으로 이 문제를 해결하는 방법은 죽은 자들이 죽음 이후부터 재림 때까지 영혼이 잠을 자며 기다린다는 소위 '영혼 수면설'의 견해가 있어 왔다. 주로 루터교 진영의 신학자들에 의해 제안되었는데, 이러한 입장에 대해서 칼뱅을 중심으로 한 개혁교회(장로교회)의 입장은 분명한 거부 의사를 표명해 왔다. 칼뱅주의의 대표적인 신앙고백서들[7]을 정리하면, 인간이 죽으면 즉시 하늘나라로 올라가서 심판을 받고 의인들은 천국으로,

---

6) 위의 글, 103-104.
7) 하이델베르크 요리문답 문 57, 제2스위스 신앙고백서 제26장, 웨스트민스터 신앙고백서 제32장 등.

악인들은 지옥으로 가서 마지막 최종적인 대심판의 날을 기다린다고 명시하고 있다. 주님의 재림 때까지 살아 있는 자들은 재림 때에 최후 심판이 일어나고 새 하늘과 새 땅을 맞이하게 된다.

그렇다면 재림을 기다리는 그리스도인들의 자세는 어떠해야 할까? 박해와 핍박이 있었던 초기 교회의 그리스도인들에게 간절한 소망은 주님의 재림이었다. 그래서 그들은 신앙인들 간에 '마라나타'(주 예수여 어서 오시옵소서.)라는 인사말을 사용했었다. 그들에게 주님의 재림은 모든 박해와 핍박의 종말이요, 슬픔의 치유요, 신원이 회복되는 기쁨과 승리의 시간을 의미했던 것이다. 오늘의 우리도 재림이나 심판이나 죽음을 회피와 두려움의 대상으로 삼아서는 안 될 것이다. 오히려 주님의 재림을 대망하며 기쁨과 소망으로 맞이해야 하겠다.

재림에 있어서 가장 활발한 신학적 논쟁점은 재림의 때(시기)이다. 성경은 그날에 대해 알 수 없다고 분명하게 가르치고 있다. "그러나 그날과 그때는 아무도 모르나니 하늘에 있는 천사들도, 아들도 모르고 아버지만 아시느니라"(막 13 : 32). 그렇다면 주님의 재림이 지금까지도 지연되고 있는 이유는 무엇인가? 베드로후서 3 : 8~9에 답이 있다. "사랑하는 자들아 주께는 하루가 천 년 같고 천 년이 하루 같다는 이 한 가지를 잊지 말라 주의 약속은 어떤 이들이 더디다고 생각하는 것같이 더딘 것이 아니라 오직 주께서는 너희를 대하여 오래 참으사 아무도 멸망하지 아니하고 다 회개하기에 이르기를 원하시느니라". 재림 지연, 심판의 유예의 이유는 오래 참으시는 하나님의 사랑에 있는 것이다. 그러므로 우리는 오늘의 삶이 유예된 일시적 기간임을 명심하고, 장차 완성될 하나님의 나라를 고대할 뿐만 아니라 이미 임한 하나님의 나라를 이 땅 위에 확장시키며 주님의 재림을 준비하는 깨어 있는 성도들이 되어야 하겠다.

3. 나가는 말

우리 교단(예장 통합)이 믿고 있는 중요한 교리에 대해서, 방대한 내용을 간략하게 정리하여 설명하였다. 교리는 성도의 신앙과 생활의 표준이 되는 유익이 있지만, 교리를 절대화해서는 안 된다. 2천 년 전 예수님 시대에 바리새인들은 율법을 절대화하여 믿는 자들을 얽어매는 수단으로 오용하였다. 율법을 절대화한 율법주의의 결과였다. 오늘의 교리도 바르게 선용해야 한다. 교리를 절대화하면 교조주의가 되어 남을 판단하는 도구가 될 수 있다.

성도들이 교리를 대하는 바른 자세는 오늘날 우리가 믿고 있는 바가 무엇인지 분명하고도 바르게 알려고 공부하는 것이고, 아울러 교리도 시대에 따라 변화할 수 있다는 사실을 인정하고 성경 중심적인 사고 안에서 열린 마음을 가지고 신학자들의 연구를 바탕으로 지속적인 공부를 하는 것이다. 교리 공부를 통하여 우리가 믿고 있는 바를 바르게 알아 이단에 빠지는 일이 없어야 하겠고, 더 나아가 이 시대를 향한 삼위일체 하나님의 뜻을 분별하여 그 뜻을 이루어 드리는 성숙한 그리스도인이 되어야 하겠다.

/ 토론주제

1. 전능하신 하나님은 세상의 악과 부조리에 대해 무지하거나 무관심하지 않으시며 모든 것은 하나님의 주권 안에 있음을 공부했고, 또한 성도들의 삶에서 일어난 문제에 대해 예수 그리스도의 십자가 안에서의 해결을 예비해 두셨음을 공부했습니다. 내가 겪은 어려운 일 중에서 하나님의 전능하심과 예비하심을 경험했던 일을 상기해 보고, 그 사건 속에서 어떻게 하나님의 전능하심을 발견했는지 나누어 봅시다.
2. 우리 교단의 기독론 교리의 핵심입니다. 빈칸을 채워 주세요.
"성육하신 예수 그리스도는 참(   )과 참(   )으로서 하나님과 인류 사이의 (   )이시다. 예수 그리스도는 인류를 구원하는 유일한 (   )이시다. 오직 예수님만이 하나님을 아는 유일한 (   )이다." 기독론을 바탕으로 우리 각자가 반드시 바르게 신앙고백을 해야 하는 것이 무엇인지 나누어 봅시다.
3. 성령님의 사역은 개인의 믿음에서부터 교회의 사역과 세상을 향한 활동까지 매우 다양하고 광범위하게 확장되어 갑니다. 지금까지 나는 성령의 사역, 혹은 성령 충만이라고 했을 때 어떠한 모습을 생각해 왔습니까? 그리고 하나님께서 나에게 주신 성령의 은사들은 어떤 것이 있으며, 그것을 통해 교회와 세상 가운데 어떻게 사용할 수 있을지 생각해 봅시다.
4. 교회는 하나님 나라의 결정적 도구입니다. 하나님 나라의 속성에 대해 나눠 보고, 이를 위해 교회와 성도들이 할 수 있는 실천사항 또는 개선사항을 나누어 봅시다. 그리고 교회의 양면이라고 할 수 있는 거룩성과 보편성의 균형을 맞춘 예를 찾아보고, 성도들의 개인적인 삶의 적용에 대해서 생각해 봅시다.
5. 종말론에서 현재적 종말론은 예수님의 초림으로 이미(already) 하나님의 나라가 시작되었음을 말하며, 미래적 종말론은 하나님의 나라가 아직(not-yet) 완전히 성취되지 않았다고 말합니다. 이미 하나님 나라가 시작되었다는 것이 내

삶에 어떤 의미가 있는지 그리고 아직 하나님 나라가 완전히 성취되지 않았다는 것은 또 내 삶에 어떤 의미가 있는지 생각해 봅시다.

/ 참고문헌

1. 대한예수교장로회총회 헌법개정위원회 편. 『헌법』. 서울 : 한국장로교출판사, 2019.
2. 대한예수교장로회총회 교육자원부 편. 『개혁교회의 신앙고백』. 서울 : 한국장로교출판사, 2007.
3. 교리교육지침서편찬위원회 편. 『교리교육 지침서 평신도용』. 서울 : 한국장로교출판사, 2003.
4. 한국조직신학회 엮음. 『목회를 위한 교의학 주제 해설』. 서울 : 대한기독교서회, 2016.
5. 김명용. 『현대의 도전과 오늘의 조직신학』. 서울 : 장로회신학대학교 출판부, 2010.
6. 현요한. 『조직신학과 목회현장』. 서울 : 한들출판사, 2017.
7. 정홍열. 『사도신경 연구』. 서울 : 대한기독교서회, 2016.

마음과 목숨과 뜻과 힘을 통전하는 신학으로서의 기독교윤리학

노영상 목사(총회한국교회연구원)

1. 구약성경에 있어 십계명의 통전적 윤리사상

1) 십계명의 구조

성경의 윤리사상을 파악하는 데 있어 중심이 되는 내용으로 구약의 십계명과 신약의 산상수훈이 중요하다. 출애굽기 20장은 십계명을 우리에게 설명한다. 그 십계명은 전반부가 하나님에 대한 계명으로 되어 있으며, 후반부는 인간에 대한 명령으로 구성되어 있다. 십계명은 제1계명과 제10계명이 요체이다. 제1계명은 하나님만 섬길 것을 곧 예배로 명하고 있으며, 2, 3, 4계명은 예배드리는 방법에 대해 말하고 있다. 또한 제10계명은 탐내지 말 것을 말하며, 6, 7, 8, 9계명은 탐내지 말아야 할 것 네 가지를 언급한다. 그리고 제5계명의 "네 부모를 공경하라"는 부분은 전반부와 후반부를 연결하는 가교 역할을 하는 것으로 보인다. 탐내지 말아야 할 것 네 가지는 이웃의 생명과 아내와 재산과 명예로서, 이것은 인간이 가질 수 있는 귀중한 것들이다. 제9계명은 법정에서 거짓된 증거를 하지 말 것을 명령한다. 법정에서의 거짓된 증언은 이웃의 명예를 손상할 수 있는 것으로, 우리는 이와 같은 법정에서의 맹세의 발언에 신중을 기하여야 한다.

이에 있어 필자가 먼저 언급하려는 부분은 전반부의 계명들이다. 제2계명은 우상숭배하지 말 것을 말한다. 땅과 하늘에 있는 어떤 것이나 인간이 만든 것들에도 절하지 말 것을 명하고 있다. 곧 이 세상의 자연물을 하나님으로 섬기지 말 것이며, 인간의 손이나 머리로 만든 어떤 것도 섬김의 대상으로 삼지 말 것을 명하는 것이다. 하나님은 자연과 인간의 이성을 초월하여 계신 분으로, 인간이 볼 수 없으며 만질 수도 없는 그러한 하나님이시다. 그러한 알 수 없는 것들의 총체를 성경은 영적인 존재로 칭하고 있다. 하나님은 영이시므로 그에게 예배하는 자는 영과 진리(in Spirit and truth)로 예배하여야 한다(요 4 : 24). 영으로 드리는 예배, 인간의 한 요소로서의 영을 다해 예배하는 것을 제2계명이 말하고 있다. 제3계명은 하나님의 이름을 망령되이 일컫지 말 것을 말한다. 우리는 하나님의 이름을 여타의 것에서 구별하여 거룩히 여겨야 한다. 어떤 대상에 합당한 이름을 붙인다는 것은 인간의 이성적인 사유와 연관된다. 인간의 합리성이란 어떤 사물을 다른 것과 구별하여 그것에 바른 이름을 명하는 것과 결부되어 있다. 그러므로 신자는 그의 이성적인 능력을 다해 하나님께 예배하여야 한다. 진리로서 진정되게 예배드리는 것이 요청된다. 제4계명은 안식일을 기억하여 거룩히 지킬 것을 명한다. 영어의 안식일을 의미하는 'sabbath'라는 단어의 히브리어 어원은 '샤밭'인바, 그 단어는 '멈추다', '쉬다'라는 뜻을 가지고 있다. 안식일은 쉬는 날일 뿐 아니라 하나님께 예배하기 위해 우리의 노동을 멈추어야 하는 그러한 날이다. 하나님께서는 우리가 전적으로 온 힘을 다해 그에게 예배드릴 것을 원하신다. 하루를 쪼개어 일부로서는 자신의 일을 하고 나머지 시간에만 예배드리는 것을 지양하고, 우리의 모든 힘과 노동과 행동과 몸을 드려 하나님께 예배하여야 한다는 말씀이다. 이와 같이 십계명은 마음과 정신과 몸을 총체적으로 드려 하나님을 사랑하는 방법에 대해 언급한다. 우리 인간이 가지고 있는 모든 구성 요소들을 다 바쳐 통전적으로 하나님을 사랑하며 이웃을 사랑하는 행동을 실천할 것을 십계명은 강조한다(마 22 : 37-39).

우리는 먼저 우리의 가장 깊숙한 존재로서의 영을 하나님께 드려야 한다. 내적 영의 깊숙한 면이 바뀌지 않고는 우리의 이성과 행동 또한 바뀔 수 없다. 영보다 좀 더 구체적인 것으로서의 이성을 하나님께 드려야 한다. 이러한 두 가지가 변화함으로 우리의 행동과 노동과 실천에 변화가 오는 것이다. 보이지 않는 부분이 먼저 변화한 후에야 눈에 보이는 몸의 행동이 바뀔 수 있게 된다. 그런 다음 십계명의 후반부는 그 행동의 구체적인 강령에 대해 말하고 있다. 부모를 공경하고, 살인하지 말고, 간음하지 말고, 도둑질하지 말고, 거짓된 증언을 하지 말 것을 명한다. 그러한 행동의 구체적인 규범들에 의해 우리는 합리적으로 우리의 행동들을 규제하게 된다. 마지막으로 제10계명은 다시 인간의 내면세계의 문제로 회귀한다. 이러한 행동 강령들을 지키기 위해서는 먼저 욕심을 버려야 한다는 것이다. 모든 죄의 행동들은 욕심에서 나오는 것이기 때문이다(약 1 : 15).

2) 신명기 6 : 5

신명기 6 : 4~5에는 "이스라엘아 들으라 우리 하나님 여호와는 오직 유일한 여호와이시니 너는 마음을 다하고 뜻을 다하고 힘을 다하여 네 하나님 여호와를 사랑하라"는 말씀이 있다. 신명기의 이 부분은 보통 '쉐마'라고 불리는바, 그 말은 히브리어 '들으라'라는 뜻을 가진다. 우리 성경에는 "이스라엘아 들으라"라고 시작하지만, 본래의 히브리어 성경에는 "들으라 이스라엘이여"와 같이 '들으라'(쉐마)는 말로 시작하기 때문에 붙여진 이름이다. 신명기는 전체적으로 모세가 하나님으로부터 받은 율법을 재해석하는 책으로서, 이 4~5절의 부분은 십계명의 전반부를 다시 해석하는 내용으로 생각된다.

마음과 뜻과 힘이라는 단어의 히브리어는 각각 '렙'과 '네페쉬'와 '므오트'이다. '렙'은 인간의 가장 깊이 있는 내적 존재(the inner being)를 일컫는 말이다. '네페쉬'는 혼(soul)을 의미하는 것으로, 헬라어 '프쉬케'와 연결된다. '므오트'는 개역성경 번역 그대로 힘(strength)을 말한다. 종합하면 인간의 속마음(heart)과 혼(soul)과 힘(might)을 다해 하나님을 섬기라는 말이 된다. 필자는 십계명의 2, 3, 4계명을 각각 영과 이성과 힘을 바쳐 하나님께 예배하라는 내용으로 간추린 바 있다. 영은 인간의 가장 깊숙한 곳에 있는 요소이며, 이성은 그보다 좀 더 표피적인 것이고, 힘은 그러한 것들이 구체화되고 형체화된 것이다. 이에 있어 신명기 6 : 5의 말씀은 마음과 혼과 힘을 바쳐 하나님을 섬기라고 한다. 여기에서 마음은 영어로 'heart'라고 번역되는데, 보통 인간의 정서적인 측면을 말한다고 보는 것이 좋을 듯하다. 물론 그 정서는 인간의 이성 및 의지적인 측면과 긴밀히 연관되어 있다. 그 정서를 이성(정신, mind)과 반대되는 개념으로 보는 것은 오늘의 심리학의 연구 결과를 종합하여 볼 때 옳지 못하다. 다음으로 혼의 문제에 대해 검토하여 보자. 혼이 무엇인지 알려면, 그 혼이라는 단어가 우리의 일상 언어에서 어떻게 사용되는가를 살피면 된다. 우리말 가운데, '혼 빠졌다', '혼났다', '넋 빠졌다', '혼절했다', '혼쭐났다' 등의 말이 있다. 이에 있어

이 혼이 나간 상태를 혼이 나가지 않은 일반인과의 상태와 비교하면, 혼의 범위가 무엇인지 알 수 있다. 보통 혼 빠진 사람의 상태는 한마디로 멍한 상태라 할 수 있다. 생기와 활력과 용기를 잃고, 그에 의해 힘 빠진 상태가 되는 것을 말한다. 그러므로 이 '네페쉬'라는 히브리어는 종종 성경 가운데서 생명이나 목숨이라는 말로 번역되기도 한다. 사람이 넋을 잃은 상태가 되는 이유는 밖으로부터의 충격을 받았기 때문이다. 물리적인 충격이나 정신적인 충격에 의해 사람의 혼이 나가게 된다. 동일한 충격을 받았다 할지라도 사람마다 혼이 나가는 정도가 같지는 않다. 어떤 사람은 작은 충격에도 혼비백산하나, 어떤 사람은 비교적 큰 충격에도 완충하는 정도가 다를 것이다. 사람에게는 충격을 흡수하는 작용을 하는 것이 있는데 그것이 우리의 용기, 의지력, 신념과 연관이 있다고 볼 수 있다. 의지가 강한 사람은 불행에도 쉽게 좌절하지 않는다. 그러나 의지가 약한 사람은 조그마한 충격에도 쓰러져 일어서지 못한다. 의지의 차이가 완충작용의 차이다. 성경은 이러한 신념을 하나님에 대한 믿음으로 표현한다. 믿음은 인간을 다시 일어서게 하는 힘이 있다. 믿음은 생명이다. 생명은 인간의 잠재적인 것을 현실적인 것으로 끄집어내는 힘으로도 볼 수 있다. 생명이 있는 사람은 자신의 내면세계를 눈에 보이는 것으로 구체화한다. 믿음은 말씀을 현실화하는 힘인 것이다. 말씀이 역사의 현장 가운데서 현실화되는 것을 보고 우리는 믿음을 갖게 된다. 믿음은 의지의 영역과 깊은 연관성을 가지는 것으로, 보이지 않는 세계와 보이는 세계를 연결하는 위치에 있다. 믿음과 의지는 인간의 내면세계를 보이는 것으로서의 행동의 세계와 연결한다. 그러므로 우리말에서는 그 의지의 좌소로서의 혼을 '혼쭐'이라는 말로 표현한다. 혼은 줄과 같아서 인간의 내면세계를 행동의 세계와 연결한다. 그 혼을 우리는 우물에서의 두레박줄로 연상할 수 있다. 깊은 우물에 아무리

시원한 물이 있다고 할지라도 두레박이 없으면 그것을 마실 수 없다. 두레박은 깊은 곳에 있는 우물의 물을 끌어내어 그것의 시원함을 현실화한다. 혼은 그와 같다. 인간의 내면세계로서의 '렙'과 행동의 구체적인 세계로서의 '므오트'를 연결하는 역할을 하는 것이다.

마지막으로 우리는 힘을 하나님께 바쳐야 한다. 힘은 우리의 행동과 노동으로서의 구체적인 실천을 말한다. 교육의 최종적인 목적은 피교육자를 구체적으로 변화시키는 것에 있다. 여러 가지의 변화가 있겠지만, 먼저 피교육자의 행동 변화를 추구하는 것이 우선일 것이다. 행동만 쳐다보고 작업해서는 행동이 변화되지 않는다. 인간 내면세계로부터의 변화를 통하여 행동의 변화를 모색함이 필요하다. 그 '렙'으로서의 내면세계를 정비하고, 그 내면세계를 끌어내는 두레박으로서의 혼을 강화한다면, 우리의 행동은 점차 올바른 방향으로 나아갈 것이다.

3) 마가복음 12 : 30

"첫째는 이것이니 이스라엘아 들으라 주 곧 우리 하나님은 유일한 주시라 네 마음을 다하고 목숨을 다하고 뜻을 다하고 힘을 다하여 주 너의 하나님을 사랑하라 하신 것이요 둘째는 이것이니 네 이웃을 네 자신과 같이 사랑하라 하신 것이라 이보다 더 큰 계명이 없느니라"(막 12 : 29-31). 이 본문에는 "둘째는 이것이니"라고 하였지만, 마태복음 22 : 39에서는 "둘째도 그와 같으니"라고 되어 있다. "그와 같으니"라는 말은 두 가지의 의미를 함축한다. 먼저는 하나님을 사랑함으로써 이웃을 사랑한다는 말이다. 하나님의 사랑을 경험함 없이 이웃을 진정 사랑한다는 것은 어렵다는 것이다. 두 번째는 하나님을 사랑하는 방법 그대로를 가지고 이웃을 사랑하여야 한다는 의미도 있다. 하나님을 사랑하는 데 있어 동원되어야 할 것이 마음과 목숨과 뜻과 힘이라면, 이웃을 사랑함에 있어도 그 네 가지의 동원이 필요하다는 것이다.

이에 있어 마음을 나타내는 헬라어 단어는 '카르디아'이며, 혼은 '프쉬케', 이성은 '디아노이아', 힘은 '이스퀴스'이다. '카르디아'는 헬라어 사전에 생각과 열정과 욕구와 감동과 목적 등이 위치하는 자리로 설명되어 있다. 그 단어는 보통 영어로 'heart'로 번역되는바, 마음이라는 한국어 번역이 타당하다고 여겨진다. '프쉬케'는 몸(헬라어로 '소마')의 상대어인 반면, 육(헬라어로 '사륵스')의 상대어는 '프뉴마'(영)이다. 하나님은 영적인 존재로서 '프쉬케'를 가지고 있지 않으시며, 동물은 '프쉬케'는 가지고 있지만 '프뉴마'는 가지고 있지 못하다. 이 '프쉬케'라는 단어는 영어로 종종 'soul'로 번역되는바, 혼이라는 한국어 번역이 적당하리라 여겨진다. '프쉬케'는 몸에 생명을 주는 힘으로 생령(히브리어 '네페쉬'에 해당)이다. '프쉬케'는 몸에 생명을 주어 움직이게 하며, 몸의 활동적인 행동을 자극한다. 혼이 살면 몸의 무기력이 극복되어 생기가 넘치게 되는 것이다. 다음으로 '디아노이아'는 영어로 'mind'로 번역되는데, 우리말로는 정신이라는 뜻이다. 정신은 인간의 지성적인 기능과 연관되는데, 필자는 이것을 알기 쉽게 이성이라 칭하려 한다.

마음이 더 구체화된 것이 혼이다. 혼이 구체화되면 이성이 된다. 그리고 가장 구체화되고 형체화된 것이 몸과 힘에 의한 행동이다. 여기에서의 마음이란 정서적인 것이며, 혼은 의지적인 것이라 볼 수 있다. 곧 인간의 행동은 정서와 의지와 지성적인 면을 거쳐 우러나오는 것이다. 그것은 바다에 떠 있는 빙산에 비유할 수 있다. 빙산은 물에 떠 있는 부분이 전체의 1/10로서, 9/10가 물 속에 가라앉아 있다. 곧 물에 떠 있는 1/10을 물속에 있는 9/10가 받치고 있는 것이다. 인간의 행동도 그렇다. 눈에 보이는 바른 행동이 나오기 위해서는 눈에 보이지 않는 투자가 필요하다. 눈에 보이지 않는 것으로서의 정서와 의지와 지성에의 투자를 통하여 눈에 보이는 한 행동을 이끌어 낼 수 있게 된다. 인간의 행동은 인간의 존재 깊이에서 우러나와야지, 합리성에만 의지하여 도출되어서는 안 된다. 존재의 근본이 변해야 그에 따라 행동이 바로 되기 마련이다. 행동의 교육은 합리적인 원칙을 몇 개 가르쳐서 마무리될 수 없는 것이다. 그것을 위해서는 내면의 훈련이 요청된다. 우리 인간의 행동은 그 존재 깊은 곳에서 나와야 한다. 예수 그리스도께서는 수가성 우물가의 여인에게 자기 존재 깊숙이에 흐르는 생수의 강을 발견할 것을 말하였다. 내면생활의 풍성함을 발견한 자에게는 그것이 생수의 바다가 될 수 있다. 보다 깊은 곳의 우물일수록 더 시원한 물을 줄 수 있다. 삶에 적용되지 않는 사상과는 달리 하나님의 말씀은 삶과 행동을 변화시키는 운동력을 가지고 있다. 그 물은 우리의 몸으로 스며들어 우리의 갈증을 해소한다. 물고기가 물을 얻어 생명을 회복하듯 우리의 몸을 살아 움직이게 한다.

2. 산상수훈과 기독교윤리

1) 구약윤리의 한계

어떤 신학자가 구약의 내용을 두 가지의 주제로 정리하였다. 출애굽과 포로 됨이다. 'Exodus'(출애굽)와 'Exile'(포로 됨) 둘 다 'E'로 시작하는 단어다. 하나님께서는 이스라엘 백성을 이집트의 노예 된 상태에서 해방하셨지만, 종국적으로 그들은 바벨론의 포로가 되었다. 유다의 마지막 왕 시드기야는 눈알이 뽑혀 다른 신하들과 함께 바벨론으로 끌려갔던 것이다.

예레미야 52 : 10~11은 다음과 같이 말한다. "바벨론 왕이 시드기야의 아들들을 그의 눈앞에서 죽이고 또 리블라에서 유다의 모든 고관을 죽이며 시드기야의 두 눈을 빼고 놋사슬로 그를 결박하여 바벨론 왕이 그를 바벨론으로 끌고 가서 그가 죽는 날까지 옥에 가두었더라". 왜 이스라엘 백성들은 하나님의 축복을 받지 못하고 망하게 되었는가에 대해 구약의 예언자들은 주님의 말씀에 순종하지 못하였기 때문이라고 말한다.

하나님께서 그들에게 귀한 율법을 주셨음에도 그들은 주님의 말씀에 순종하는 데 실패하였던 문제를 신약성경에서 진단하고 있다. 이스라엘 백성들은 주님의 명령을 받았지만 마음의 근본이 변화되지 않아 주님의 말씀을 따르는 데 실패하였다는 것이다. 역기 선수를 예로 들어 보겠다. 코치가 선수들에게 역기를 드는 요령을 가르쳤다고 하자. 그러나 실제로 역기를 드는 연습을 하지 않으면, 선수는 무거운 역기를 들 수 없다. 역기를 드는 요령을 아는 것도 중요하지만 기본 힘을 길러야 무거운 역기를 들 수 있다는 것이다.

우리가 어른들로부터 부모님을 공경하여야 한다는 윤리적 명령을 배우기는 하지만 그것을 하나의 명령으로 배운다고 하여 행하게 되는 것은 아니다. 우리의 근본 인격이 변하지 않는다면 이 명령은 바로 지켜질 수 없다. 인간의 '근본 본성'이 변하고 그의 마음 바탕이 근본적으로 변하지 않는다면, 어떤 율법적 명령을 가르친다고 하여도 무용지물이 되는 것이다.

2) 율법적인 명령을 강조하는 윤리와 마음의 본성을 강조하는 윤리

십계명은 하나님의 명령을 요약한다. 십계명은 우리가 행복하려면 하나님만 예배하고, 부모를 공경하고, 살인하지 말고, 간음하지 말고, 도둑질하지 말고, 거짓 증언 하지 말라고 한다. 이런 하나님의 명령을 지키는 데 행복이 있다는 말씀이다. 반면 산상수훈 중의 팔복은 행복의 조건을 계명

으로 열거하지 않는다. 팔복은 복을 받으려면 이런 행동을 하라고 말하기보다, 복이 있는 자의 모습에 대해 강조한다. 심령이 가난한 자(그 사람)는 복이 있다는 것이다. 팔복은 복이 어떤 자에게 임하는지 강조한다.

마태복음의 기자는 외형으로 나타나는 행동에 앞서 그 행동의 기초가 되는 마음 준비의 소중함을 말하며, "이 백성이 입술로는 나를 공경하되 마음은 내게서 멀도다"(마 15 : 8)라는 예수 그리스도의 말씀을 전한다. 아무리 눈에 보이는 엄청난 행동을 하고, 천사의 말을 하며, 내게 있는 모든 것으로 구제하고, 또한 내 몸을 불사르게 내어 준다 할지라도 사랑이라는 내면적인 동기가 확실히 서 있지 않으면 헛것임을 바울은 말하였다(고전 13 : 1-3). 마음의 근원에서 나오지 않는 표면적인 행동은 가식과 위선일지언정 남과 자신에게 하등의 유익이 되지 못한다. 칼뱅은 이르기를, 아무리 아름답고 훌륭한 인간의 행동일지라도 그것이 마음의 살아 있는 뿌리에서 나온 것이 아니라면 단지 하나의 위장에 지나지 않는다고 하였다. 선한 행동은 진정 마음에서 우러나오는 것이어야 한다. 그와 반대로 악한 행동이 나왔다면 그것은 필경 마음속 깊이 잠재되어 있는 것의 표출이라고 할 수 있다(마 15 : 19).

그러므로 마음의 뿌리에서 나오지 않는 선행은 선행이 아니다. 의인이 없는 성화란 있을 수 없다. 존재가 변해야만 행동이 변한다. 우리의 마음을 바로 잡음 없이 우리의 행동을 바로 잡을 수 없다. 이러한 마음과 행동의 관계, 존재와 당위의 관계를 마태복음 기자는 다음의 유비를 통해 설명하였다. "그들의 열매로 그들을 알지니 가시나무에서 포도를, 또한 엉겅퀴에서 무화과를 따겠느냐 이와 같이 좋은 나무마다 아름다운 열매를 맺고 못된 나무가 나쁜 열매를 맺나니 좋은 나무가 나쁜 열매를 맺을 수 없고 못된 나무가 아름다운 열매를 맺을 수 없느니라 아름다운 열매를 맺지 아니하는 나무마다 찍혀 불에 던져지느니라 이러므로 그들의 열매로 그들을 알리라"(마 7 : 16-20).

이 본문에 대한 해석에는 두 가지가 있다. 한 해석은 열매를 강조하는 것이다. 열매가 좋아야 나무 또한 좋은 것이라는 주장이다. 다음의 해석은 나무를 강조하는 것이다. 나무가 좋으면 열매도 당연히 좋다는 것이다. 그러나 이러한 양자의 해석은 적당하지 못하다. 본문을 살피면, 양자가 모두 강조되고 있음을 우리는 알 수 있다. 먼저 "열매로 나무를 안다."고 말했을 경우는 열매가 중시된다. 다음으로 "나무가 좋아야 열매도 좋다."라고 하는 말은 나무를 강조하는 것이다. 그렇게 이 본문은 나무와 열매 양자를 강조하고 있다고 보아야 한다. 존재도 중요하지만 행동도 중요하다는 말이다. 행동으로 구현되지 않은 존재, 존재에 바탕을 두지 않은 행동 모두가 미흡하다. 한때 한국 신학에서 기장의 신학과 예장의 신학이 대치되었었다. 기장은 사회참여의 행동을 강조한 반면, 예장의 신학은 믿음으로 우리의 존재가 의롭게 되는 것을 우선시하였다. 그러나 마태복음의 문맥에서 볼 때, 구원과 행동은 서로 상반되는 개념이 아님을 알 수 있게 된다. 행동은 의인 (justification)을 전제하며, 의인 또한 행동을 향해 정위되어야 한다.

3) 선행도 마음에서 나오며, 악행도 마음에서 나온다

마음이란 헬라어로 '카르디아'라고 하는데, 마태복음에서 아주 중요한 단어다. 마태복음 15 : 19은 이렇게 언급한다. 선뿐만 아니라 악한 행동 모두가 마음에서 비롯된다는 것이다.

"마음(카르디아)에서 나오는 것은 악한 생각과 살인과 간음과 음란과 도둑질과 거짓 증언과 비방이니".

야고보서 1 : 15은 "욕심이 잉태한즉 죄를 낳고 죄가 장성한즉 사망을 낳느니라"라고 말한다. 마음의 욕심이 죄를 짓게 하고 죄를 지으면 우리는 필경 사망과 파멸과 불행의 나락으로 떨어질 수밖에 없다. 역으로 마음의 덕을 통해 우리는 선을 행하게 되며, 그 같은 선행은 우리에게 행복을 가져다주는 것이다. 외적인 행동에 앞서 내적인 마음이 중요함을 가르치는 본문이다. 아무리 외적인 행동으로 하나님을 공경한다고 하여도 그것이 마음에서 나오는 것이 아니라면 의미가 없다(마 15 : 8). 행동이 핵심이 아니라, 마음 곧 '카르디아'가 윤리적 삶의 핵심이라는 것이다.

3. 산상수훈의 팔복과 윤리적인 삶

1) 행동에 앞선 존재의 중요성

십계명은 우리에게 행복을 위해 율법을 행할 것을 말하지만, 팔복은 복된 자의 존재와 마음에 대해 설명한다. 애통하는 자는 복이 있다. 온유한 자, 곧 그 같은 사람과 존재가 되는 것이 중요하다는 말이다. 의에 주리고 목마른 자가 복이 있다. 행복하려면 이웃을 긍휼히 여기는 자가 되어야 한다. 마음이 청결한 자가 복이 있다. 행복하려면 화평하게 하는 자가 되어야 한다. 마지막 여덟째로 팔복은 의를 위해 박해를 받는 자가 복이 있다고 한다. 주님의 명령을 지키는 것에 앞서 어떤 자가 되는 것, 곧 어떤 사람과 존재가 되어야 하는지 팔복은 강조하는 것이다.

예수 그리스도의 산상에서의 팔복 선포는 구약에서 시내산에서 선포된 십계명과 그 비중이 비슷한 말씀이다. 십계명은 우리가 지켜야 할 율법적 계명을 10가지로 소개하는 반면, 이 팔복은 복 있는 사람의 마음의 상태를 8가지로 설명한다. 팔복은 인간 행복의 조건으로서의 행동의 기초이며, 존재의 깊이로서의 마음의 문제를 다룬다. 팔복은 우리의 행복이 우리 마음속에 있음을 말한다. 천국은 멀리 있는 것이 아니다. 우리의 마음속에 있다는 것이다. 중요한 것은 행복의 외형적인 조건을 갖추는 것이 아니라, 아름다운 마음 상태를 먼저 만드는 것이다.

행동을 이끌어 내기 위한 내면적인 기초들 중에서 마태복음이 우선적으로 강조하는 것은 마음이다. 마음이 변하지 않고는 행동이 변하지 않는다. 마음이 선하지 않고는 행동이 선할 수 없다. 마태복음 기자가 말하는 팔복의 내용은 표면적인 행동에 대한 언급이기보다는 마음의 문제를 우선으로 중시한다. '심령'이 가난하여야 한다고 말한다. 또한 애통하는 성향, 온유, 남을 긍휼히 여기는 '마음', 마음(카르디아)의 청결 등 외형적인 행동에 대해 명령하기보다는 내적 마음의 정비를 부각하고 있다.

팔복을 말한 후 마태복음 기자는 같은 5장에서 십계명을 이러한 각도에서 재해석한다. 살인하지 않으려면, 먼저 마음속의 미움을 제거해야 한다. 간음의 문제도 그렇다. 여자를 보고 마음속에 음욕을 품으면 이미 간음한 것이다. 거짓 증거 하지 말라는 제9계명도 예수 그리스도께서는 도무지 맹세하지 말라는 더욱 내면적인 모습으로 재해석하였다. 맹세를 신중하게 해야만 거짓 증거를 하지 않게 된다는 것이다. 밖으로 표출되는 외형적인 행동보다 더욱 중요한 것이 속마음의 기초 곧 그 사람의 내면세계의 연속성이다. 보이는 행동보다 보이지 않는 은밀함이 행위의 진실성을 결정한다(마 6 : 1-4).

2) 팔복은 인간의 모든 행복이 마음에 달렸음을 강조한다

(1) 심령이 가난한 자는 복이 있나니, 천국이 그들의 것임이요

십계명은 살인하지 말라, 간음하지 말라는 등의 행위의 규칙에 대해 말하지만, 팔복은 마음과 심령의 문제를 언급한다. 팔복은 먼저 심령의 가난에 대해 말한다. 심령('프뉴마', 영)이 가난해야 한다는 말에 대한 여러 가지 해석이 있다. 영적인 갈망을 뜻한다는 해석도 있다. 그러나 심령의 가난이란 마음을 비우는 것, 곧 마음에 욕심과 집착을 비우는 것으로 설명하고 싶다.

야고보서 1 : 15은 "욕심이 잉태한즉 죄를 낳고 죄가 장성한즉 사망(온갖 파멸과 불행)을 낳느니라"라고 말한다. 마음에 욕심이 있으면 죄를 생산하기 마련이며, 그것은 필경 우리를 불행에 빠뜨린다고 한다. 물욕, 성욕, 명예욕, 건강과 장수에 대한 욕심이 우리를 파멸의 길로 빠뜨리게 하는 지름길이다. 오늘 우리가 행복하려면 마음의 욕심을 버려야 한다. 돈에 대한 욕심, 성적인 욕망과 자녀에 대한 욕심, 명예욕, 건강과 장수에 대한 욕심을 내려놓지 못하니, 편한 삶을 살지 못하는 것이다. 온갖 욕심을 내려놓는 순간 행복이 우리의 것임을 믿어야 할 것이다.

(2) 애통하는 자는 복이 있나니, 그들이 위로를 받을 것임이요

'애통하다'의 헬라어는 '판데오'인데, 가슴이 찢어지도록 처절하게 우는 것을 의미한다. 우리말로 '애곡하다'로 번역될 수 있다. 깊이 슬퍼할 수 있는 사람은 마음으로서의 정서가 잘 발달된 사람으로, 깊이 행복할 수 있는 사람이다. 잘 우는 사람이 복이 있는 사람이라는 것이다. 정서가 잘 발달된 사람은 눈물이 많다. 정서가 메마르면 눈물도 메마르게 된다. TV의 슬픈 드라마만 보아도 잘 우는 사람이 있는데 좋은 사람이다. 잘 울 수 있어야 잘 웃을 수 있다.

(3) 온유한 자는 복이 있나니, 그들이 땅을 기업으로 받을 것임이요

온유한 사람이란 부드러운 성격의 사람을 말한다. 별로 심각하지 않은 일에도 화를 잘 내고 금방 얼굴이 붉어지며 욱하는 성격을 가진 사람들이 있는데, 그런 사람일수록 폭력적인 성향의 사람이 되기 쉽다. 잠언은 우리에게 경계하는 말들을 하는데, 남자의 성품 중 가장 경계하는 것이 화를 잘 내는 것이다. 화를 잘 내는 사람을 경계하며, 부드러운 성품을 갖기 위해 노력하여야 할 것이다.

(4) 의에 주리고 목마른 자는 복이 있나니, 그들이 배부를 것임이요

이 본문의 표현이 재미있다. 의에 주리고 목마른 자가 복이 있다는 것이다. 이 본문은 의를 행하는 자가 복이 있다고 말하지 않는다. 우리의 행동이 우리 마음 깊은 곳에서 나오지 않는다면 그런 행위들은 하등의 가치가 없다. 그 행동의 진정성이 밑받침되려면 먼저 우리 마음속에 정의에 대한 열망을 키워야 한다는 것이다.

(5) 긍휼히 여기는 자는 복이 있나니, 그들이 긍휼히 여김을 받을 것임이요

주석가들은 이 본문을 긍휼을 베푸는 자가 아니라, 긍휼한(merciful) 성품을 가진 자로 해석한다. 남에 대한 자선의 행동을 하기 앞서 우리 마음속에 측은지심을 키우는 것이 중요하다. 긍휼히 여기는 마음이란 남들을 불쌍히 여기는 마음이다. 불쌍히 여기는 마음은 일종의 공감(compassion, 함께 느낌)하는 마음을 말한다. 성경은 우는 자와 함께 울고 웃는 자와 함께 웃으라고 한다. 다른 사람의 마음을 읽지 못하는 사람은 다른 사람들을 불쌍히 여기기 어렵다.

성품이 좋은 사람들은 모든 것을 다 불쌍한 눈으로 본다. 남편도 불쌍

히 보이고, 아내도 불쌍히 보이고, 아이들도 불쌍히 보이고, 집 안의 바퀴벌레들도 불쌍히 보이는 그런 마음을 갖게 되는 것이다. 남들이 불쌍히 보이지 않으니 그들에게 함부로 말하고 상처 주는 행동을 하게 되는 것이다.

(6) 마음이 청결한 자는 복이 있나니, 그들이 하나님을 볼 것임이요

이 여섯째 복에서 결정적인 단어가 등장한다. 마음, 곧 헬라어로 '카르디아'라는 단어이다. 앞에서 이 팔복이 '마음'의 문제를 다루는 것이라고 언급했다. 행복하려면 마음공부를 해야 한다. 마음의 정진 없이는 참 행복에 이르지 못한다.

'명경지수'라는 말이 있다. 거울과 같이 맑은 물을 가리킨다. 호수가 요동하면 탁해져 밑바닥이 보이지 않지만, 마음을 조용히 가라앉히면 마음속을 관찰할 수 있게 된다. 마음이 청결한 자는 그 속에 있는 자신의 참모습을 보게 된다. 온갖 욕심에 눈이 가려지면 나의 참모습을 볼 수 없지만, 욕심을 거두어들이면 모든 것들이 투명해진다. 우리의 눈에 욕심의 비늘이 벗겨져 나의 내부로 들어가면 갈수록, 우리는 모든 것의 모든 것 되시는 하나님을 발견하게 된다. 인간은 모두 하나님의 형상으로 지음 받은 자들이기 때문이다.

마음이 청결한 사람과 함께 앉아 이야기를 하다 보면 그 사람의 내면이 훤히 들여다보이는 것을 알게 된다. 그러나 마음이 어두운 사람들은 그들의 마음을 읽기 어렵다. 음침하여 그의 마음을 들여다볼 수 없다. 자기의 속마음을 남에게 잘 전달할 수 있는 사람이 행복한 사람이다.

마음이 깨끗해 내 마음을 잘 읽는 사람은 남의 마음도 잘 읽게 된다. 내 차를 운전할 수 있는 사람은 남의 차도 운전할 수 있는 것과 같다. 그런 사람은 분위기와 무드를 잘 파악하는 사람으로서 상황에 맞는 행동을

하게 된다.

(7) 화평하게 하는 자는 복이 있나니, 그들이 하나님의 아들이라 일컬음을 받을 것임이요

이 본문도 화평을 위한 행동을 하는 사람보다 화평하게 하는 자, 곧 그런 사람과 존재가 될 것을 강조한다. 그 스스로 행복하고 평화스런 존재가 되지 못한 사람은 여러 노력과 행동을 한다고 하여도 집안과 사회에서 진정한 평화를 만들지 못한다. 이에 우리는 어떤 평강의 행동을 하기 전에, 그 존재 자체가 평안과 기쁨인 사람이 될 필요가 있다. 만나면 기쁜 사람, 그와 있다는 것 자체가 기쁨과 평안이 되는 사람이 먼저 되어야 할 것이다.

(8) 의를 위하여 박해를 받은 자는 복이 있나니, 천국이 그들의 것임이라

우리의 마음에 기쁨이 가득 차 있으면, 억울하게 당하게 되는 고통이 올지라도 능히 그것을 이길 수 있다. 내가 선을 행하였는데도 남들로부터 욕을 들을 수도 있다. 마음에 기쁨이 없는 사람은 그러한 모욕을 이길 수 없지만, 마음에 기쁨이 있는 사람은 예기치 않은 고통이 몰려와도 자기 속에 있는 기쁨을 통해 그러한 고통을 삭힐 수 있다는 것이다. 우리의 고통 가운데 가장 참을 수 없는 것 중 하나가 잘못한 것이 없음에도 받는 고통이다. 하나님의 사람은 그런 고통을 받더라도 그 안에 있는 행복과 기쁨이 결코 줄지 않는다.

3) 마음이 바로 된 사람에게 주님의 축복이 예비되어 있다

마태복음의 팔복은 이와 같이 마음이 변화되지 않으면 우리가 주님의 말씀에 순종할 수 없으며, 주님의 축복도 받아 누릴 수 없음을 말한다. 그러나 우리의 마음을 이와 같이 변화시킨다는 것이 쉽지 않은 일이다. 하나

님의 말씀과 십자가의 능력과 성령의 은총이 아니고서는 우리의 마음을 변화시킬 수 없는 것이다.

팔복은 마음이 바로 된 사람이 받는 복을 다음과 같이 열거한다. 마음이 바로 서면 위로받게 되고 불쌍히 여김을 받는 사람이 된다. 심리적으로 행복한 사람이 되는 것이다. 마음이 바로 서면 배부르게 되고 땅을 차지하게 된다. 물질적인 축복이다. 만족이 있는 삶을 살게 된다는 것이다. 마음이 바로 서면 하나님을 보게 되고 하나님의 아들이라는 칭함을 받게 된다. 영적인 축복을 받게 된다는 것이다. 마지막으로 마음이 바로 설 때 우리는 천국의 삶을 이루게 된다. 이 땅에 주님의 나라를 성취하는 것이다. 일종의 사회적 행복으로 다른 사람들과 사랑과 정의의 정신을 가지고 어울려 사는 국가를 만들게 된다는 것이다. 아름다운 국가를 만들려면 먼저 백성의 마음을 변화시켜야 한다.

마음이 바뀌지 않는 한 우리는 하나님을 바로 섬길 수 없으며, 다른 사람을 기쁘게 하지 못한다. 우리는 오늘 이 시간 우리의 행복이 우리의 마음 바탕에 있는 것임을 깨닫게 되었다. 우리는 참 행복과 구원을 위해 주님의 명령을 지키기에 앞서 성령으로 거듭나는 삶을 먼저 이뤄야 한다. 우리의 속사람과 존재 깊이의 마음 바탕이 바뀌지 않는 한, 우리는 하나님을 기쁘시게 할 수도 없으며 참 행복에 이를 수도 없다. "행복은 우리 마음속에 있는 것이다."

4. 마치는 글

마음에 사랑이 있고, 사랑하고자 하는 뜻이 있으며, 사랑의 지혜가 있다고 하여도 그것을 사랑으로 실천하지 않는다면 그러한 사랑은 무용지물이 된다. 사랑은 실천을 통해서 열매를 맺는다. 그리스도께서 말씀이 육신이 된 것과 같이, 우리의 정신은 육의 실천으로 표현되어야 한다. 언제나 계획만 세우고 입으로만 말하는 사람이 있다. 우리는 우리의 생각과 계획을 우리의 노동을 통해 실천하는 자들이 되어야겠다. 마음의 생각과 우리의 잠재력을 몸의 행동으로 끌어내는 사람이 진정한 믿음을 가진 사람이다. 그러한 실천의 능력이 상실된 믿음은 죽은 것이나 다름없다. "믿음으로 아브라함은 부르심을 받았을 때에 순종하여 장래의 유업으로 받을 땅에 나아갈새 갈 바를 알지 못하고 나아갔으며"(히 11 : 8). 믿음을 가진 사람은 하나님의 명령에 순종하여 한 걸음, 한 걸음 나아가게 된다. 우리는 인간이 소유하고 있는 마음과 혼과 정신과 몸을 다해 통전적으로 우리의 행동을 바로 세우기 위해 노력하는 기독교인들이 되어야 할 것이다.

/ 토론주제

1. 바른 행동을 하기 위해 인격을 함양하는 것의 중요성에 대해 말해 봅시다.
2. 윤리적 삶에 있어 우리의 정서가 가지는 의미에 대해 말해 봅시다.
3. 윤리적 삶을 위한 의지의 중요성에 대해 설명해 봅시다.
4. 마음의 욕심이 우리의 행동에 미치는 영향에 대해 말해 봅시다.
5. 성경은 우리의 속사람을 바꿀 수 있는 길에 대해 어떻게 말하는지 설명해 봅시다.

/ 참고문헌

1. 노영상. 『예배와 인간행동』. 서울 : 성광문화사, 1998.
2. 교리문답해설서간행위원회. 『21세기 대한예수교장로회 교리문답 어떻게 만들어졌나?』. 서울 : 한국장로교출판사, 2022.
3. 강영안. 『강영안 교수의 십계명 강의』. 서울 : IVP, 2009.
4. 한기채. 『산상수훈, 삶으로 읽다』. 서울 : 토기장이, 2021.
5. 조셉 코트바. 문시영 역. 『덕 윤리의 신학적 기초』. 서울 : 북코리아, 2012.

예배와 예전을 중심한 우리 교단의 신학적 특성

원도진 목사(동신교회)

1. 들어가는 말

예배는 하나님을 경배하는 몸짓으로 인간과 하나님의 소통을 말한다. 예배는 인간적으로 사람이 하나님을 섬기는 행위이며, 신앙적으로 창조주 하나님을 경배하는 일이다. 그리하여 예배는 인간의 믿음과 하나님의 은혜가 함께하는 고귀하고 아름답고 특별한 축복의 자리이다. 그리하여 하나님은 자신을 예배하는 예배자를 찾으신다고 말씀하신다.

"아버지께 참되게 예배하는 자들은 영과 진리로 예배할 때가 오나니 곧 이때라 아버지께서는 자기에게 이렇게 예배하는 자들을 찾으시느니라"(요 4 : 23).

대한예수교장로회 통합 예배의 기원은 곧 한국교회의 출발과 같이한다.[1] 이 땅에 복음이 들어온 이래, 자생적이든 선교적이든 하나님을 예배하는 일은 시간과 장소, 시대와 역사에 따라 달라지면서도 언제 어디서나 존재해 왔다. 다만 그때그때마다 예배가 시대적 옷을 입었고, 역사적 모습을 달리하였지만 본질적으로 하나님을 경배하는 일로서 계속되어 왔다. 그리하여 한국교회 예배는 교인들에게 형편과 처지에 따라 많은 위로와 은혜를 주어 왔다. 또한 예배 형식은 달라도 예배 내용은 하나님 중심, 그리스도 중심, 성령 중심의 삼위일체 경배 신앙을 견지해 왔다.

이 글은 우리 교단 예배와 예전을 중심으로 우리 교단의 신학적 특성을 살피는 것이다. 이는 지금까지 우리 교단 예배가 걸어온 길을 돌아보며 평가하고, 나아가 우리 교단이 나아갈 예배와 예전의 길을 전망하고 그 방안을 제시하는 것이다.

2. 예전과 예배의 구분

1) 예전 : 품격 교회의 특징

예배와 예전은 매우 비슷하지만 차이가 있다. 양자 사이에는 상호 공통점도 있고 상이점도 상당하다. 이제까지 교회 안에서는 보편적으로 예배가 많이 쓰여 왔는데 우리 교단도 예배학의 발달과 교회의 부흥으로 단순한 대중 예배에서 시대가 요청하는 격식 있는 예전을 도입하게 되었다.

---

1) 이후 대한예수교장로회 통합은 우리 교단으로 통일한다. 다만 교단(敎團)이 일정 말기에 형성된 단어로 일본적이지만 이미 우리말에 들어와 한 교파 안의 여러 지체를 이르는 말로 정착하였기에 그대로 사용하기로 한다. 이에 대한 자세한 내용은 https://ko.wikipedia.org/wiki/일본기독교조선교단 항목을 참조하라.

교회적으로 보면 교회 안에 신자들이 늘어났고 초신자들의 사회적 지식도 많이 성장하였기 때문이다. 더불어 구원 이후 지속되는 교회 생활 속에서 보다 깊고 심오한 예배가 요구되었기 때문이다. 또한 신학적으로 1960년대 이후 예전 복고 운동이 한국교회 예배에 상당히 영향을 끼쳤다.

예배와 예전 구분은 서양의 교회 분류에서 비롯되었다. 서구교회는 교회를 분류하면서 19세기 이후 하나는 High church[2]로, 다른 하나는 Low Church[3]로 구분하였다. 번역 문제이지만 High church는 품격 교회로, Low Church는 대중 교회로 보는 것이 일반적이다. 실제로 품격 교회는 예배당의 모습과 구조, 예배에서 독특한 특성을 나타낸다. 주일에 교회에 올 때 어른들뿐만 아니라 아이들도 정장을 입고 오는 모습을 종종 볼 수 있다. 예배당은 오르간과 장의자, 예배위원 가운, 그리고 설교자의 가운과 스톨, 배너 등이 준비되고 예배는 주로 교회력에 따라 질서정연하게 진행된다. 성직자와 목회자 중심의 예배로 권위를 강조하는 격식과 품격, 그리고 전통과 격조 있는 예배를 예전이라고 부르고 있다.

예전은 예배의 거룩함과 교역자의 성스러움에 강조점을 두고 진행하며, 전통과 권위가 예배 요소에 많이 나타나고, 인간적 감동보다는 은혜에 초점을 맞춰 진행된다. 예전 분위기는 엄숙하며 정숙하고 장엄하다. 다만 개인적인 아픔의 토로와 위로 시간이 부족한 것이 아쉬운 점일 것이다.

2) 예배 : 대중 교회의 특징

---

2) '고(高)교회'로 번역하기보다 의미를 살려 '품격 교회'로 사용하기로 한다. https://en.wikipedia.org/wiki/High_church.

3) '저(低)교회'로 번역하기보다 의미를 살려 '대중 교회'로 사용하기로 한다. https://en.wikipedia.org/wiki/Low_church.

대중 교회는 예배당의 모습과 구조에서부터 특성을 나타낸다. 예배당은 신학적 구조보다 대중 위주의 개인 의자를 중심으로 무대형이 주를 이룬다. 이러한 예배당 구조는 부채꼴형 예배당을 만들고 앞 무대로 시선을 모으게 한다. 교회에 오는 교인들은 캐주얼한 복장을 선호한다. 예배도 주일에 꼭 맞추기보다 캐주얼 서비스라고 이름하여 주중에 편안하게 예배를 드리기도 하며, 주말예배라고 하여 토요일이나 금요일에 주일예배를 드리기도 한다. 또한 예배용 악기도 현대적인 전자악기들이 주종을 이룬다. 예배는 찬양, CCM을 중심으로 찬양 인도자와 더불어 시작하며 탈격식적인 모습으로 자유롭고 회중의 감동에 주안점을 두고 진행하고, 소리 내어 기도하며, 성경봉독은 설교를 위한 보조적 느낌이 강하다.

대중 교회의 예배는 무엇보다도 설교자에 집중한다. 설교자와 찬양단의 복장은 자유롭게 하고 실제 설교가 예배 시간의 50% 이상을 차지하기도 하고 예배의 감동을 위해서는 여러 가지 인위적 도구, 조명, 음향, 배경도 자유롭게 사용한다. 필자가 방문한 미국 새들백 교회[4], 레이크우드 교회[5], 윌로우 크릭 교회, 부루클린 터버너클 교회[6], 리디머 교회[7] 등이 이 모습을 띠고 있다. 이 같은 감격과 은혜, 그리고 감동과 자유로운 예배를 대중 예배라 부르고 있다.

---

4) 새들백 교회는 캘리포니아 레이크 포레스트 사막에 위치하여 서부적인 특징이 많이 나타난다.
5) 레이크우드 교회는 텍사스에 위치하여 목사의 설교 시 긍정적일 때는 강대상 옆에서 물이 폭포처럼 나오도록 하고 부정적일 때는 물이 나오지 않고 조명 등을 어둡게 처리한다.
6) 부루클린 터버너클 교회는 흑인 중심의 교회로, 예배당은 화려하지만 내용은 전형적인 대중 예배를 지향한다.
7) 리디머 교회는 뉴욕 맨해튼의 4곳의 예배당에서 예배를 드리며, 목사의 설교가 예배의 중심을 차지한다.

3. 우리 교단의 예배와 예전

1) 대중 예배

산업화 이전 우리 교단 교회의 예배는 대체적으로 대중적인 예배에 가까웠다고 할 수 있다. 선교 초기 북한을 중심으로 활동한 장로교회는 남한에서는 희귀하였고 목회자도 수가 너무 적어 순회 목사가 봄, 가을로 지역교회들을 돌아보며 성찬과 성례를 집행해 왔다. 그리하여 성찬은 1년에 두 번 하고, 성례도 봄과 가을에 하는 것으로 정착되기도 하였다. 그래서 예배의 신학과 내용을 깊게 하기가 어려웠다. 당시 우리나라 인구의 절대 다수는 교육을 많이 받지 못하였으며 이는 교회도 예외가 아니었다.[8] 초기 한국교회가 한글을 보급하고 가르치며 교육 사업에 힘쓴 이유가 여기에 있다. 그러므로 예배는 불신자가 신자가 되는 구원에 강조점이 맞추어졌고, 세상과 교회의 분리, 다가올 재림을 고대하는 예배로 변화되었다.

일제 식민지, 한국전쟁, 군사 독재기를 지나면서 대중 예배는 『천로역정』 같은 이야기체 설교와 경험 중심의 예화 설교가 중심을 이루기 시작했다. 이와 더불어 대중을 모아 놓고 하는 부흥회는 기독교를 널리 전파하고 대중화하며 단기간 교회 성장에 도움을 주었다. 수많은 대중과 1인 중심의 목회자형 집회는 필히 신학적이라기보다 신앙적인, 성경적이라기보다 경험 중심적인 설교를 낳았다. 그리하여 한국교회 처음으로 초대형 교회들이 나타나기 시작했으며, 교육을 받은 세대들은 이제까지와는 다른 깊은 신앙의 지적, 영적, 그리고 문화적 변화를 요구하기에 이르렀다.

---

8) 구한말부터 해방 후, 산업화까지 우리나라 문맹률과 취학률에 대하여서는 아래를 참조하라. https://www.pressian.com/pages/articles/123469#0DKU.

그러면서도 아직도 대중 예배가 보편적인 이유는 우리 교단 교회의 50%가 개척교회이며 이는 예전적 예배보다 대중적 예배를 드릴 수밖에 없는 것이 현실이기 때문이다. 그러므로 대중 예배의 장점과 강점을 잘 되살려 교회를 세워 나가는 것이 필요하다.

2) 예전, 품격 예배

대중 예배가 이제까지 주종을 이루어 왔지만 우리 교단이 일찍부터 품격 예배를 드려온 것도 역사적 사실이다. 미국인 선교사 곽안련(C. A. Clark, 1878-1961)은 평양장로회신학교 교재로 1919년 『목사지법』(牧師之法, Pastoral Theology)을 출간하였는데 이는 전형적인 품격 예배, 곧 예전적 예배를 보여 준다. 『목사지법』은 예배 부름을 총설(總說)로, 기원을 개례기도(開禮祈禱)로, 개회찬영(開會讚榮) 후에 참회기도를 공식자복(公式自服)으로, 사죄선언을 확실용사(確實容赦)로 하였고 구약, 서신서, 복음서에 걸친 성경낭독(聖經朗讀)은 성경의 권위를 높여 주고, 찬양대 찬양은 별찬송(別讚頌)으로, 설교는 강도(講道)로, 축도는 안수축복(按手祝福)으로 하였다. 이는 현대 예전에서도 그 예를 찾기 힘들 정도로 품격 있고 격조 있는 예배이다.

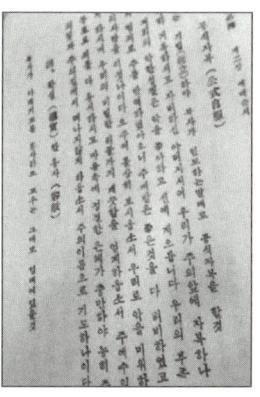

이러한 품격 예배는 한국교회에 영향을 끼쳐서 주일예배는 거의 교파에 상관없이 격식 있는 예배를 선호하게 되었다. 이는 장로교를 넘어서서 타 교단도 품격 예배의 축소형인 장로교 스타일 예배, 곧 전통예배를 드리고 있다.[9] 실제로 평신도들이 주일예배만 가지고는 교파를 구별하기 힘들고 교단도 분별하기 어려울 것이다. 이는 예를 중요시하고 형식과 격식을 중요시하는 한국인의 문화와도 밀접한 관련이 있어 보인다.

3) 통합 예배

우리 교단은 예전과 예배 모습을 다 가지고 있는 독특한 모습이다. 이는 한국 문화가 가지고 있는 한 번에 두 가지를 하는 동시성[10]과 여러 가지를 받아들여 하나로 만드는 통합성[11]에 기초한다. 동시성과 통합성을 기반으로 교회마다 자신들만의 독특한 예전과 예배가 있고 또 한 교회 안에 예배와 예전이 상호 공존하기도 한다. 재미있는 사실은 두 예배를 적당하게 버무려 드리는 통합 예배(Blended Service)[12]가 찬양예배라는 이름으로 주일마다 오후, 혹은 저녁에 드려지곤 한다는 것이다. 분명히 시작은 대중 예배로 시작하였는데, 설교와 그 이후는 전통적 예배로 돌아간다. 더불어

---

9) 물론 개인적 경험이긴 하지만 필자가 1년여 동안 교파에 상관없이 방문하고 예배를 드린바 필자가 방문한 교회는 거의 전통적인 장로교 스타일의 예배를 드리고 있었다.
10) 우리 문화와 말은 동시성(同時性, simultaneity)이 특징이다. 곧 미닫이, 빼닫이, 나들이, 시원 섭섭, 새콤달콤, 들락날락, 붉으락푸르락, 오락가락 같은 어휘나 "누이 좋고 매부 좋고", "도랑 치고 가재 잡고", "꿩 먹고 알 먹는다"는 속담이 이에 속한다.
11) 우리 문화의 통합성(統合性, unity)은 병풍, 비빔밥, 찌개와 같은 문화에서 나타난다. 한국 병풍은 12폭이면 12폭이 다 다른 그림이지만 하나로 일관되고 여러 가지 재료를 함께 섞어 비벼 먹는 비빔밥과 여러 재료를 같이 끓여 국물을 내는 찌개와 국이 대표적인 통합성의 예들이다.
12) Blended Service는 우리말로 직역하면 믹서 예배인데, 예전적 예배와 대중 예배를 혼합하여 함께 드리는 예배를 말한다.

예배는 많이 드리면 좋다는 이름하에 집회와 예배 구분이 모호해져서 새벽기도회를 새벽예배로, 삼일기도회를 삼일예배로 하는 등 교회의 모든 행사가 예배라는 이름으로 속칭되고 있다. 이러다 보니 주일 아침부터 저녁까지 교인들이 교회 안에서 예배에서 예배로 이어지는 삶을 살고 있으며 이를 당연시한다. 이는 주일 개념은 강화되지만 쉼을 뜻하는 안식일 개념은 약화될 수 있는 약점이 있다.

통합 예배는 앞으로 우리 교단이 장점을 잘 살려 한국적 예배로 만들어 나갈 수 있다. 대중 예배와 품격 예배를 합쳤다고 해서 부정적으로만 볼 것이 아니기 때문이다. 교회는 살아 있는 존재이며 언제나 변화를 추구하고, 예배는 살아 있는 교회의 증거이다. 다만 주일 아침부터 전자악기와 일어서서 손을 들고 찬양하는 것은 노령화되어 가는 한국교회에 부담이 되기도 한다. 물론 현재 한국교회 교인들은 1970~90년대에 그리스도인이 된 이들이 많은데, 당시 그들은 젊은이였지만 이제 그들은 60~70대의 노인이 되어 예배에서 많은 움직임과 열창이 힘들게 되었다. 개인차는 있겠으나 통합 예배를 적절하게 사용하여 교회에 선용하면 노인과 젊은이를 아우를 수 있는 새로운 예배의 롤 모델이 될 수 있다.

4. 우리 교단 예배와 예전이 나아갈 길

1) 삼위일체 중심으로

우리 교단이 지향하는 예배와 예전은 삼위일체적이다. 삼위일체 하나님을 예배하는 것이 기독교의 핵심이며 우리 교단의 중심이다. 이미 우리에게 닥쳐온 유대교와 이슬람 등을 보면 우리 교단 예배는 철저하게 삼위일체 하나님을 예배하도록 해야 한다.[13] 이는 교회의 정체성과도 밀접하게 연관이 있으며, 현재 대두되는 역사 상대주의[14]나 종교 상대주의[15]에 대한 대안이 될 수 있다. 우리는 성부, 성자, 성령 하나님을 믿고 이 삼위일체 하나님을 예배하는 이들이다. 다만 대화는 열어 놓지만 우리는 21세기 그리스도인으로서 삼위일체 하나님을 예배해야 한다.

2) 공동체 중심으로

우리 교단이 지향할 두 번째 예배와 예전은 공동체 중심이어야 한다. 곧 교회 중심적 예배와 예전을 회복해야 한다. 코로나19로 인하여 온라인 예배가 주종을 이루고 개인적인 예배가 자연스럽게 교회 안으로 들어왔다. 물론 온라인 예배는 글로벌하게 드릴 수 있어 특수한 현재 상황에서는 필요하지만, 모든 예배를 온라인으로 하는 것은 바람직하지 않다. 왜냐하면 온라인 예배는 비인격적이기 때문이다. 예배와 예전은 하나님을 인격적으로 만나는 일이다. 그리하여 예배 가운데 치유가 일어나고 회복이 일어나고 감화가 일어나는 것이다. 더불어 공동체, 곧 교회에서 교인들이 함께 인격적으로 만나고 하나님을 인격적으로 경배할 때 공동체를 통해서 역사하시는 하나님을 만나는 기쁨이 있는 것이다.

---

13) 1998년 5월 필자는 프린스턴 신학교에서 사해사본 발굴 50주년 기념 예배를 드렸다. 히브리어와 영어로 드리는 이 예배에서 축도는 God be with you였다. 유대교는 아직도 메시야를 기다리고 있고, 이슬람은 오신 메시야를 다섯 예언자 중의 한 분으로만 기억한다. 비슷하지만 아주 다른 현실 속에서 예배가 그리스도 중심으로 나아가야 한다.

14) 역사 상대주의는 Historical relativism을 번역한 말로 역사적 진실에는 객관성이 없으며 역사가나 역사가의 시대적 특징에 영향을 받는 것을 이른다. https://www.lexico.com/definition/historical_relativism.

15) 종교 상대주의는 기독교의 절대적인 타당성이나 구원 문제 등을 부정하고, 모든 종교는 각각의 사람에 따라서 그 진리가 상대적이라고 보는 사상이다. https://www.christiantoday.co.kr/news/149813.

3) 성경 중심으로

우리 교단이 추구해야 하는 예전과 예배는 철저하게 성경 중심으로 나아가야 한다. 오늘날 성서학에서 이미 구미 신학계는 구약성경이라는 단어가 사라져 버렸고 히브리 성경만 남아 있다.[16] 그리고 유대교의 철저한 반 기독교적 학문 공격은 오늘날 구약성경과 신약성경을 인정하지 않고 있다. 자신들의 언어로 구약성경을 히브리 성경으로 대체하였고, 미국 리버사이드 교회는 주일예배에서 코란을 읽기도 한다. 더불어 서구 교회는 교회마다 차이는 있지만 불교적 요소가 상당히 많이 기독교 예배에 들어온 것이 현실이다. 이런 다양한 시도와 토착화 종교 간 대화라는 점에서 참고는 하지만, 우리 교단은 철저하게 성경 중심으로 돌아가 성경 중심적 예배를 드려야 한다. 그것이 기독교적이고 교회적이고 이제까지 교회가 존속한 이유이다. 우리는 그리스도인이다. 그리스도인은 그리스도가 중심인 성경으로 돌아가 예배의 핵심을 설교나 찬양보다는 성경에 두면서 예배를 진행하며 우리 자신의 정체성과 은혜를 경험하는 예배로 나아가야 할 것이다.

5. 나가는 말

우리 교단은 이 땅에 복음이 전파된 이래 주도적으로 한국교회와 사회를 이끌어 왔다. 더불어 우리 교단이 드리는 예배는 대중 예배에서 품격

---

16) 아직 우리나라 교회에서는 구약성경이란 말을 사용하지만, 서구 교회에서는 The Old Testament 대신 Hebrew Bible로 사용하고 있다. 이 배경에는 신약성경은 인정하지 않는다는 유대교적 사유가 깔려 있다.

예배로 나아가는 선두에 서 있다. 이제 우리 교단 예배와 예전은 이 시대와 더불어 성경과 역사, 신학과 전통에 서서 나아가야 할 것이다. 그리하여 교회 중심적 예배와 예전 속에서 이 시대 사람들의 아픔과 고난과 고통을 치유하는 역할을 감당할 것이다.

예배에서 삼갈 용어들

감사하신 하나님 → 누구에게 감사한다는 말인가? "고마우신 하나님"이 바람직하다.

기도했습니다. → 기도는 언제나 현재형으로 드려야 한다.

기도 전 성경구절 읽기 → 자신이 은혜 받은 구절을 공기도를 하면서 기도 앞에 읽고 시작하는 것은 바람직하지 못하다.

기도 올리다 → 국문적으로 옳지 못할 뿐만 아니라 나머지는 그럼 어떻게 할 것인가?

/ 토론주제

1. 예배는 나에게 무슨 의미입니까?
2. 예배에서 내가 얻고자 하는 것은 무엇입니까?
3. 예배에서 강조하고자 하는 것은 무엇입니까?
4. 예배에서 평신도의 참여는 어디까지입니까?
5. 예배와 교회, 그리고 내가 사는 삶과의 연관성을 의논해 봅시다.

/ 참고문헌

1. 김운용. 『예배, 하늘과 땅이 잇대어지는 신비』. 서울 : 장로회신학대학교 출판부, 2015.
2. 호남신학대학교 편. 『예배란 무엇인가?』. 서울 : 한국장로교출판사, 2005.
3. 조기연. 『묻고 답하는 예배학 cafe』. 서울 : 대한기독교서회, 2012.
4. 주영광. 『예배 드리기 5분 전에 읽는 책』. 서울 : 기독교문서선교회, 2020.

목회 조력자로서의 목회 이해

최광우 목사(양일교회)

1. 목회, 목사가 행하는 교회사역이다

목사가 교회를 위해 수행하는 모든 사역을 목회라고 한다. 일반적으로 목사가 교회를 맡아 설교와 함께 성도들의 생활을 지도하는 것을 말하지만 성례전(聖禮典)을 집례하고, 교회의 행정적인 관리를 하며, 성도 개개인의 영혼을 돌보는 사역까지 포함한다. 흔히 목회(牧會, Pastoral ministry)를 양 치는 목자(牧者, shepherd)의 자세로 성도들에게 영적인 양식을 먹이고 돌보는 것이라 하여 목양(牧羊, Pastoral work)이라고 부르기도 한다.

목양을 하는 목자라면 당연히 맡겨진 양 떼(성도)를 '배불리 먹이고 안전하게 지켜'야 하지만, 시편 23편의 내용처럼 참 목자이신 주님을 생각함으로 스스로의 위치를 확인하고 점검하여야 할 것은 이 거룩한 사역을 방해하는 사악한 세력들이 있기 때문이다. 일찍부터 사도 바울은 목회자인 디모데에게 이러한 사실을 염두에 두고 목회에 전념할 것을 부탁한다.

"여러분은 자기를 위하여 또는 온 양 떼를 위하여 삼가라 성령이 그들 가운데 여러분을 감독자로 삼고 하나님이 자기 피로 사신 교회를 보살피게 하셨느니라 내가 떠난 후에 사나운 이리가 여러분에게 들어와서 그 양 떼를 아끼지 아니하며 또한 여러분 중에서도 제자들을 끌어 자기를 따르게 하려고 어그러진 말을 하는 사람들이 일어날 줄을 내가 아노라"(행 20 : 28-30).

목자들은 계절의 변화나 눈비와 폭풍에도 아랑곳없이 맡은 양 떼와 소 떼를 보살펴야 한다. 때로는 맹수로부터 양 떼를 지키다가(삼상 17 : 34-35) 목숨을 잃는 경우가 있다고 할지라도(요 10 : 11) 목양에 힘써야 한다. '네 양 떼의 형편을 부지런히 살피며 네 소 떼에게 마음을 두라"(잠 27 : 23)는 성경적인 교훈을 늘 기억하여야 하는 것은 양 떼와 소 떼의 주위에는 언제나 호시탐탐 기회를 노리는 맹수들이 있기 때문이다. 그래서 목자는 늘 깨어 있어야 하며, 세상적인 유혹이나 어려움에 넘어지지 않도록 성도들을 지키는 든든한 울타리가 되어야 한다.

2. 목회 사역의 현장은 교회이다

기독교에서 말하는 목회 사역의 현장은 교회이다. 교회란 건물이나 장소를 이르는 말이 아니라 '부름 받은 자들의 모임', 즉 주께서 부르신 양 떼들의 모임을 말한다. 교회에 속한 양 떼들이란 성도들을 일컫는 말이다. 이들을 돌보고 양육하는 것을 목회라고 하지만 교단이나 교파에 따라 약간의 차이를 보이는 것은 교회의 정의와 무관하지 않다. 일반적으로 교회를

'그리스도의 몸'이라고 하는 것은 그리스도가 교회의 머리가 되심으로 그의 다스림을 받는 성도들과의 유기적인 공동체로서의 관계를 강조하는 것이다. 대한예수교장로회 헌법은 이러한 관계를 근거로 교회를 규정한다.

> 하나님이 만민 중에서 자기 백성을 택하여 그들로 무한하신 은혜와 지혜를 나타내신다. 이 무리가 하나님의 집(딤전 3 : 15)이요, 그리스도의 몸(엡 1 : 23)이며, 성령의 전(고전 3 : 16)이다. 이 무리는 과거, 현재, 미래에 있는 성도들인데 이를 가리켜 거룩한 공회 곧 교회라 한다. (헌법 정치 제2장 제7조)

과거와 현재, 미래에 있는 성도들이 교회이므로 목회의 영역을 단순한 제도나 조직에 국한하는 일이 없어야 한다. 더구나 교단 헌법은 교회를 보이는 교회와 보이지 않는 교회로 구분하고 온 세계에 산재해 있는 교회를 '보이는 교회', 하나님만 아시는 교회를 '보이지 않는 교회'로 규정하였다. 장로교회의 기초를 놓았던 칼뱅은 "어머니가 태중에 잉태하여 낳은 후 우리를 젖 먹여서 길러 주었듯이 우리가 육에서 벗어나 천사같이 될 때까지"(John Calvin, 1981 : 51) 돌보고 인도하는 어머니의 역할을 감당하는 곳이 교회라고 하였다. 따라서 기독교가 말하는 목회의 현장은 로마가톨릭교회가 규정한 교회의 정의, 즉 '교황을 머리로 하는 교직 체제'(가톨릭교리서, 1981 : 104) 정도에 머무는 것이 아니라 궁극적으로 '보이지 않는 교회'를 위한 영적인 사역을 추구한다는 사실을 간과하지 말아야 한다.

물론 같은 개신교라 하더라도 교단이나 교파에 따라 목양의 강조점에 차이가 있다. 루터교회의 경우에는 교리 교육과 신앙적 지식을 얻게 하는 데 주력하는 반면, 감리교의 경우에는 영적인 각성과 성화(聖化)에 주안점을 둔다. 더구나 복잡한 시대적인 변화와 흐름에 따라 오늘날의 교회는 정신적인 치유와 상담까지도 목회의 영역에 포함시켜야 하지만, 장로교의 경우 경건한 삶을 강조함으로 목회나 성도들의 교회 생활뿐 아니라 세상에서도 '복음에 근거한 신앙생활'을 할 수 있도록 보살펴야 한다. 하나님 나라의 전위대인 교회가 세상에서도 등대가 되고 빛이 되기 위해서는 교회의 구성원인 성도가 교회 안에서나 밖에서나 하나님의 자녀로서 삶이 거룩하여야 한다는 것이 전제되어 있기 때문이다. 복음과 개인 구원도 중요하지만 공적복음의 실현을 중요시하는 장로교는 신학이 갖는 위치나 입장이 분명하다.

목회 사역의 영역은 분명히 교회이다. 교단 신학에서 말하는 교회는 찬송과 기도를 드리며, 말씀을 듣고, 성례전을 행하며, 성도들의 교제를 증진시키는 장소적인 의미를 초월한다. 전통적인 교회의 속성은 하나인 동시에 거룩하며, 사도들의 전통을 이어받은 보편성을 인정하지만(헌법 교리 제5부 제7장 4항) 전통적인 네 가지의 속성(One, Holy, Apostle, Catholic)이 성령의 역동적인 목회로 전개되어야 한다는 것이 '선교적 교회론'이다. 모든 교회는 하나라는 통일성은 교회가 연합하는(unifying) 힘으로, 모든 교회는 거룩하다는 성결성은 나날이 거룩해져 가는(sanctifying) 교회로, 보편성은 화목하게 하는(reconciling) 교회로, 사도성은 선포하는(proclaiming) 교회로 활성화되어야 한다는 것이다. 정적인 목회, 개교회 중심의 성장제일주의가 아니라 하나님 나라의 구현이라는 구체적인 목표를 가진 목회의 영역을 강조하는 것이다. 교단의 '대한예수교장로회신앙고백서'가 "교회는 하나님으로부터 받은 임무를 수행하기 위하여 교회 안에서와 교회 밖에서 활동한다. …… 그리스도인은 교회 밖에서도 그리스도인으로서의 활동을 수행하여야 한다. 그리스도인은 세상의 소금과 빛의 역할을 해야 한다."(헌법 교리 제7장 5항)고 규정한 것은 목회 사역의 현장이 사회와 국가, 세상, 땅

끝까지도 연관된 것이기 때문이다. 다만 그것이 훈련된 그리스도인에 의한 것이어야 하기 때문에 목회적 영역이 제한된 것으로 보일 뿐인 것이다.

3. 다양한 교회의 직분들

성경에서 말하는 교회의 직분은 다양하다. 그러나 모든 직분이 다 같을 수 없다. 그래서 바울은 고린도 교회 성도들에게 다양한 은사와 직분이 있음을 역설한다. "은사는 여러 가지나 성령은 같고 직분은 여러 가지나 주는 같으며"(고전 12 : 4-5). 사역은 여러 가지나 이 모든 것을 이루시는 하나님은 같으심을 강조한다.

> "어떤 사람에게는 성령으로 말미암아 지혜의 말씀을, 어떤 사람에게는 같은 성령을 따라 지식의 말씀을, 다른 사람에게는 같은 성령으로 믿음을, 어떤 사람에게는 한 성령으로 병 고치는 은사를, 어떤 사람에게는 능력 행함을, 어떤 사람에게는 예언함을, 어떤 사람에게는 영들 분별함을, 다른 사람에게는 각종 방언 말함을, 어떤 사람에게는 방언들 통역함을 주시나니 이 모든 일은 같은 한 성령이 행하사 그의 뜻대로 각 사람에게 나누어 주시는 것이니라"(고전 12 : 8-11).

대한예수교장로회총회 헌법은 교회의 직원이라는 이름으로 항존직과 임시직을 구분한다. 항존직은 장로와 안수집사와 권사, 임시직은 전도사와 집사이다. 특별히 장로는 설교와 치리를 겸한 자를 목사라 하고, 치리만 하는 자를 장로라고 규정함으로 그 역할을 규정한다. 이러한 직분들은 양육을 받은 온전한 성도들로서 봉사의 일과 교회를 세우는 일을 감당하되, 헌법은 목회자와의 관계를 통하여 규정한다. 그중에서도 항존직인 장로와 집사(안수집사), 권사의 직무를 목회적인 기준에 따라 설명한다. 치리회원인 장로는 '목사와 협력하여' 행정과 권징을 관장하며(헌법 정치 제6장 제38조), 제직회 원인 집사는 '봉사의 일'을 감당하며(헌법 정치 제8장 제50조), 권사 역시 제직 회원으로서 '교역자를 도와' 심방과 위로의 사역을 감당한다는 것이다(헌법 정치 제6장 제52조). 결국 실제적인 목양 사역을 감당하는 주체는 목회자이기에, 교회의 직분자들은 목회자와 협력하며 목회를 돕는다. 목회 사역은 목회자 홀로 감당할 수 없는 직분이기 때문이다. 그래서 훈련된 성도를 장로나 집사(안수집사), 권사라는 직분으로 세워서 목회자와 협력하고, 봉사하며, 돕는 자로서의 역할을 감당하도록 법으로 규정한 것이다.

직분의 다양성에 대해서는 사도 바울의 옥중서신인 에베소서에서도 나타난다. 하나님께서는 어떤 사람은 사도로, 어떤 사람은 선지자로, 어떤 사람은 복음 전하는 자로, 어떤 사람은 목사와 교사로 삼으셨다(엡 4 : 11). 동시에 12절에는 이러한 직분이 주어진 목적을 설명한다. 바울이 소개한 당시의 직분들을 자세히 살펴보면 이 직분들은 오늘의 선교사나 목회자를 의미한다. 사도나 선지자, 혹은 전도자라는 이름(職, office)은 오늘날 사용하지 않는 직책이지만, 감당하여야 할 역할(分, function)은 여전하다고 보아야 한다. 이 직분의 변화 과정을 살펴보면 사도나 선지자나 복음 전하는 자는 '선교사'라는 직책으로 남아 있지만, 초대교회의 목사와 교사는 하나의 직분이었음에도 지금은 목사와 교사라는 두 직책으로 분화되었다(손윤탁, 2006 : 157-163). 그러나 이러한 직책의 변화보다 더 중요한 것은 선교사나 목회자가 감당해야 할 궁극적인 사역들이다.

목회자의 가장 우선적인 사역은 교인들을 온전한 성도로 양육하는 일이다. 직분에 이어 직분이 주어진 목적을 기록한 에베소서 4 : 12은 "성도를 온전하게 하여(πρός) 봉사의 일을 하게 하며(εἰς) 그리스도의 몸을 세우려 하심이라(εἰς)"고 하였다. 구태여 헬라어 전치사를 밝힌 이유가 있다. 목회자가 먼저 감당하여야 할 일은 성도들을 온전하게 하는 일이다. 봉사의 일과 그의 몸 된 교회를 세우는 일을 동일한 방법으로 묘사하지 않았다. 전치사의 형태가 다르다는 것부터 해석상의 차이를 이야기하고 있기 때문에 우리말 성경에도 "성도들을 온전케 하며"가 아니고 "성도들을 온전하게 하여"로 번역하였다. 그래서 이 온전하게 된 성도들이 봉사의 일도, 그리스도의 몸 된 교회도 세워 나가야 한다는 것이다(손윤탁, 2006 : 170-171).

4. 구체적인 목회 사역들

교회에는 많은 직분들이 있지만 이 직분들이 수행해야 할 가장 우선적인 일은 사람을 키우는 '목양 사역'이다. 성도들을 온전하게 양육하는 사역, 쉽게 말하면 사람을 키우는 사역이다. 목사의 주된 임무는 양 떼를 돌보는 일이지만, 교인들 간에도 서로 잘 돌아볼 수 있도록 준비시키고, 좋은 관계를 맺도록 양육하는 것이다(Anderson, 1991, 195-196). 그래서 사도 바울은 온전한 그리스도인으로 양육하는 것이 구체적으로 그리스도의 장성한 분량이 충만한 데까지 이르도록 하는 것임을 강조한다. 그래야 어린 아이가 아닌 장성한 그리스도인으로서 세상의 속임수와 유혹, 세상 풍조에 밀려 요동하지 않는 신령한 그리스도인이 되기 때문이다.

"우리가 다 하나님의 아들을 믿는 것과 아는 일에 하나가 되어 온전한 사람을 이루어 그리스도의 장성한 분량이 충만한 데까지 이르리니 이는 우리가 이제부터 어린아이가 되지 아니하여 사람의 속임수와 간사한 유혹에 빠져

온갖 교훈의 풍조에 밀려 요동하지 않게 하려 함이라"(엡 4 : 13-14).

사실은 '온전한 성도', '장성한 그리스도인', 고린도 교회 성도들에게 강조한 '신령한 자'(고전 3 : 1)는 다 같은 말로, 예수 그리스도의 지상명령(마 28 : 19-20)에 나오는 '제자'라는 말과 같은 뜻이다. 결국 교회 사역의 목적은 모든 민족을 제자로 삼는 것이다. 다른 말로 하면 모든 성도들을 제자로 삼는 것이 목회 사역의 핵심이다. 그렇게 하기 위하여 가서 세례를 베풀고, 가르쳐 지키게 하라는 것이 예수님의 유언이다. 그러므로 이 명령은 선교명령인 동시에 가장 분명하고 확실한 목회적 명령이다.

두 번째 사역은 치리와 권징이다. 이 일을 다른 말로 하면 '돌보는 사역'이다. 마태복음을 제외한 복음서에는 교회라는 단어가 나오지 않는다. 예수님 당시에는 교회가 없었다. 그러나 베드로의 신앙고백(마 16 : 16)을 통하여 주님은 약속하셨다. 그 믿음의 반석 위에 '나의 교회를 세우겠다.'(I will build My church)고 하심으로 장차 교회를 세우실 것을 예고하셨다. 그리고 이 교회가 감당할 역할에 대하여 미리 말씀하신다.

"네 형제가 죄를 범하거든 가서 너와 그 사람과만 상대하여 권고하라 만일 들으면 네가 네 형제를 얻은 것이요 만일 듣지 않거든 한두 사람을 데리고 가서 두세 증인의 입으로 말마다 확증하게 하라 만일 그들의 말도 듣지 않거든 교회에 말하고 교회의 말도 듣지 않거든 이방인과 세리와 같이 여기라"(마 18 : 15-17).

종교개혁자들은 참된 교회와 거짓을 구별하기 위한 교회의 표지로 순수한 하나님의 말씀의 선포, 정당한 성례의 집행, 권징의 필요성을 강조하였다. 장로교회(Presbyterian Church)의 중심은 노회(Presbytery)이다. 장로교회에서 목회는 예배 사역과 동시에 행정과 권징을 강조한다. 장로교의 중심이 노회라는 말은 교회론과도 깊은 관계를 가진다. 이미 목회의 정의에서 확인한 것처럼 교회에서 행하는 목사의 사역을 목회라고 하지만, 지교회로 파송된 목사의 신분이 노회에 속해 있기 때문에 당회의 구성원인 목사를 교회의 대표라고 하고, 장로를 교인의 대표로 지칭한다. 장로교회의 제도는 중앙집권적인 조직을 가진 천주교회나 감독제도인 감리교와 구별된다. 감독제도를 가진 교회 구조 속에서는 평신도의 대표라고 할지라도 목회에 참여할 수 없으나, 성격이 다른 조합제도나 회중교회의 성격을 가진 침례교회의 경우에는 평신도의 대표인 장로가 바로 목회자가 되기 때문에 또한 장로교회와는 그 구조 자체가 다를 수밖에 없다. 물론 한국의 침례교회에서는 최근 들어 '호칭 장로제도'를 두고 있지만 장로교의 경우와는 성격이 다르다. 장로교회의 정치체제는 대의제도이다. 물론 목사는 지교회의 청빙으로 이루어지지만 노회가 파송하는 목사는 노회의 지도 아래 교회의 학문인 신학과 목회에 대한 전문적인 교육과 훈련을 받은 교역자들이다. 물론 이론과 논리도 중요하지만 실제적인 목회 현장인 교회의 사역을 책임져야 한다. 장로교회는 평신도이지만 치리회 회원으로서 교회의 행정과 권징을 관장하는 장로들이 있다. 교회의 택함을 받은 교인들의 대표들이다. 이들과 함께 노회에서 파송된 목사가 당회원이 되어 '돌보는 당회'로서의 역할을 담당하여야 하는 것이다.

목회에서 빠뜨릴 수 없는 세 번째 사역이 '교회 행정'이다. '양육하는 일'과 치리와 권징으로 '돌보는 일'이 중요한 것은 개혁교회가 추구하는 궁극적인 교회는 보이지 않는 교회이기 때문이다. 그러나 보이는 교회를 관할하고 치리하는 목회 현장에서 교회의 유지와 조직의 관리를 위한 사역을 소홀히 할 수 없다. 이것을 '교회 행정'이라고 한다. 성도들의 교적부 관리와 출석, 심방 사역 등은 모두 돌보는 사역이라고도 할 수 있지만 여기에도 반드시 부수적인 사역이 따르기 마련이다. 단순한 교회당 관리로부터 재정, 사회나 이웃과의 관계, 지역 봉사나 선교 활동에 이르기까지 교회가 감당해야 할 사무적인 역할도 중요하다. 이 일을 위하여 총회는 헌법의 규정을 통하여 당회와 노회와 총회가 감당하여야 할 직무를 규정하고(헌법 정치 제68조, 제77조, 제87조) 비치하여야 할 장부가 무엇인지 구체적으로 지적한다(헌법 정치 제71조, 제80조). 동시에 당회와 제직회의 주요 업무를 구분함으로써 행정적으로 상호 보완 내지는 협조를 통하여 교회의 사역이 원만하게 진행될 수 있도록 안내하고 있다.

거듭 강조하는 것은 목회의 주체는 목사이며, 교회의 다른 모든 직분자들은 교역자의 목회 사역에 협력하고 돕는 위치에 있어야 한다는 것이다. 실제로 목회자의 책임이 중요하기 때문에 평신도들은 이와 같은 구체적인 사역을 도움으로써 목회 사역에 참여하는 자가 되는 것이다. 참고로 다음은 교단 헌법이 규정한 목사의 의의(헌법 정치 제5장 제24조)이다. 목회자로서의 목사에게는 자기 점검표가 되지만 동역자로서의 성도들에게는 목사의 역할이 얼마나 중요한가를 이해하는 자료가 될 수 있을 것이다.

1. 목사는 예수 그리스도의 양인 교인을 양육하는 목자이며
2. 목사는 그리스도를 위하여 봉사하는 종 또는 사자이며
3. 목사는 모든 교인의 모범이 되어 교회를 치리하는 장로이며
4. 목사는 그리스도의 말씀으로 교인을 깨우치는 교사이며
5. 목사는 구원의 복된 소식을 전하는 전도인이며
6. 목사는 그리스도의 설립한 율례를 지키는 자인고로 하나님의 도를 맡은 청지기이다.

목사의 의의에 이어서 목사의 직무를 규정한다. "하나님의 말씀으로 교훈하며, 성례를 거행하고, 교인을 축복하며, 장로와 협력하여 치리권을 행사한다"(헌법 정치 제5장 제25조).

목양 사역, 돌봄 사역, 행정 사역을 위하여 목회자의 좋은 동역자가 되는 직분자들이 되고, 순종하는 양 떼로서 목양에 도움이 되는 좋은 성도들이 되어야 한다.

5. 목회자에 대한 이해와 돕는 일

평신도가 목회신학을 공부하고 접근하는 이유는 매우 간단하다. 첫째는 목회자를 이해하고 그를 위하여 기도하는 일이요, 둘째는 목회자를 도와 주님의 목장인 교회를 평화로운 초장이 되게 하는 것이며, 셋째는 참 목자이신 주님의 뜻을 실현하기 위하여 부름을 받은 목회자들을 존경하고 그의 사역을 통한 아름다운 열매들로 하나님께 영광을 돌리기 위함이다. 물론 성경이 이야기하는 선한 목자는 양들을 안다. 그리고 그들의 이름을 부른다(요 10 : 3). 목회자는 양들의 사정을 알고, 이름을 알기 때문이다. 동시에 양들은 자기 목자의 음성을 알아들어야 한다(요 10 : 4). 그들의 이름을 부를 때 대답할 수 있어야 한다. 목회자의 사역에 호응하여야 한다는 말이다. 목회 사역의 어려움을 알고 함께 참여하며 때로는 자신의 의사와 관계없이 순종해야 할 때가 있다. 목자의 음성을 알아듣는 정도가 아니라 실제적으로 신뢰하고 따를 때(요 10 : 4-5) 가능한 일이다. 물론 목회자들도 명심하여야 한다. 양 떼들이 새끼를 낳고 좋은 젖을 생산하는 것은 양들이 책임이라기보다는 양을 먹이는 목자의 책임이라는 사실을 인식할 필요가 있다. 제대로 영양을 섭취하지 못한 비쩍 마른 양이 좋은 새끼를 낳고 좋은 양털이나 양유를 생산할 수 없다는 사실을 끝으로 목회 사역을 알고 이해하는 평신도 지도자로서 지금까지 확인한 내용들을 중심으로 직접 목회자를 돕는 구체적인 역할들을 몇 가지로 정리한다.

첫째, 설교, 곧 말씀 선포를 도와야 한다. 목회자의 최우선 과제는 예배이다. 물론 예배 참석이 중요하다. 시간도 엄수해야 한다. 예배 분위기 조성이나 방음, 음향 조절은 예배를 돕는 일 중에도 최우선적인 일이다. 개신교 예배의 중심은 설교, 곧 하나님의 말씀 선포에 있기 때문이다. 설교는 하나님의 말씀을 강론하는 것이다. 말씀의 선포를 돕는다는 말은 말씀을 듣고, 묵상하며, 믿고, 따르는 것을 말한다. 그러나 목회자는 자신의 이야기가 아니라 하나님의 말씀을 받아서 전하는 것이다. 그러므로 말씀을 전하기 위하여 준비하는 모든 과정에 어려움이 없도록 협력하여야 한다. 시간과 장소와 분위기도 중요하지만 하나님과의 거룩한 대화(소통)에 방해가 되지 않도록, 순수한 말씀이 전달되는 통로에 이물질이 끼어들지 않도록 특별한 배려가 필요하다는 사실을 잊지 말아야 한다.

둘째, 양육, 곧 교육을 위한 사역을 도와야 한다. 성경에서 말하는 목회 사역의 목표를 확인하였다. 성도라는 말은 '거룩한 무리'라는 뜻이다. 그러나 스스로 물어보아야 한다. 과연 거룩한 사람들인가? 허물과 죄가 많은 인간들이지만 예수 그리스도의 피로 정결하게 되어 하나님께서 의로운 백성으로 인정(義認)하셨으므로 성도라고 부른다. 오히려 성도는 '거룩해져 가는 사람들'이라고 하여야 할 것이다. 목회는 장성한 그리스도인, 신령한 백성들, 즉 온전한 제자를 위한 사역이다. 중간 지도자로서, 혹은 평신도 지도자로서의 교사의 역할도 중요하지만 목양 사역에 동참한다는 것은 성경공부나 구역활동, 남녀선교회 등의 모임에 참여하는 자체가 스스로의 성장을 위한 교육활동이라는 사실을 잊지 말아야 한다.

셋째, 행정 사역에 도움이 되어야 한다. 교적부를 정리하고, 사역에 필요한 물품을 구매하고, 교회시설을 관리하며, 각종 행사를 위한 준비나 교회 안팎에서 목회자의 도움이 필요한 손길들을 확인하는 일은 모두 평신도 사역자가 감당하여야 할 일들이다. 그래서 목회사역은 교역자가 중심이 되고 책임을 져야 할 일이지만 목회자가 다 감당할 수 있는 일이 아니다. 규모에 따라 행정적인 뒷받침을 할 수 있는 조직을 갖춘 교회도 있지만 대부분의 교회가 그렇지 않기 때문에 더더욱 목회의 행정적인 사역을 돕는 손길이 필요하다.

넷째, 심방, 곧 양들을 돌아보는 사역에 도움이 되어야 한다. 특별히 목회자가 신경써야 할 사역이 설교 사역과 목회 행정과 심방 사역이다. 목양에 있어서 심방은 매우 중요한 일이다. 성도들의 형편을 돌아보고, 그들의 어려움을 도우며, 치유와 상담을 통하여 성도들을 돌보는 이 일은 실제적인 목회자의 기도와 시간을 요구하는 활동이므로 절대적인 조력자들의 도움이 필요하다. 이 일을 위하여 "교역자를 도와 궁핍한 자와 환난 당한 교우를 심방하고 위로함으로 교회에 덕을 세우기 위한"(헌법 정치 제8장 제52조) 권사제도를 두고 있으나 개인적으로나 가정적으로 도움이 필요할 때 심방을 요청하는 것이 교역자에게 큰 도움이 된다는 사실도 함께 깨달았으면 좋겠다.

다섯째, 목회자가 마음 놓고 목양에 전력할 수 있도록 개인 생활을 도와야 한다. 교회를 돌보고 양 떼를 보살피는 일은 쉬운 일이 아니다. 더구나 하나님의 일은 하나님이 하신다는 믿음으로 목회를 하지만, 하나님은 사람을 통하여 일하신다. 목회자가 개인적인 건강이나 자녀들, 가정의 일들로 인하여 시간을 빼앗기게 된다면 목회에 전념할 수 없다. 그러므로 교회는 목회자를 세상적인 기준으로 대하는 일이 없도록 하여야 한다. 주의

종들을 대할 때 어떻게 해야 하는가에 대해서는 믿음의 선배들에게 배울 필요가 있다. 목회자 스스로 자신을 어떻게 대할 것인가를 교육하기는 정말 어렵기 때문이다. 분명한 것은 목회자의 개인 생활에 대한 배려는 자신에게도 유익할 뿐만 아니라 하나님께서도 칭찬하실 일이라는 사실을 잊지 말아야 한다.

예수님은 두루 다니시며 하나님 나라를 가르치시고, 천국 복음을 전파하시며, 백성 중의 모든 병과 모든 약한 것을 고치셨다(마 4 : 23). 우리는 이것을 예수님의 3대 사역이라 부른다.

말씀을 선포하는(Preaching) 일과 하나님 나라를 가르치는(Teaching) 일, 상처를 치유하고 고치는(Healing) 이 일은 예수님께서 다시 오실 그날까지 모든 교역자들뿐만 아니라 모든 사역자들이 감당하여야 할 목회 사역이라는 사실을 명심하자.

/ 토론주제

1. 목회란 무엇이며, 목회의 주체가 목사인 이유를 이야기해 봅시다.
2. 목회의 영역이 교회라고 규정되어 있음에도 불구하고 우리 교단(장로교)에서는 그 영역을 교회 바깥생활까지도 포함하는 이유가 무엇일까요?
3. 목회의 구체적인 사역들을 논의해 봅시다.
4. 내가 맡게 될 교회의 직분과 목회 사역과의 연관성에 대해 설명해 봅시다.
5. 성도의 입장에서 어떻게 하면 목회자의 목회를 도울 수 있을지 나누어 봅시다.

/ 참고문헌

1. 한국천주교주교회의. 『가톨릭교리서 그리스도의 길』. 서울 : 한국천주교중앙협의회, 1981.
2. 손윤탁. 『선교적 교회직분론』. 서울 : 미션아카데미, 2006.
3. Calvin, John. 『신약성경주석 제9권』. 서울 : 성서교재간행사, 1979.
4. Anderson, C. Robert. *The Effective Pastor*. 이용원 역, 『목회학』. 서울 : 소망사, 1991.
5. 대한예수교장로회총회 헌법개정위원회 편. 『헌법』. 서울 : 한국장로교출판사, 2019.

목회상담의 전인성

김예식 목사(예심교회)

1. 들어가는 말

우리 교단 신학은 성경적이고 실천적이며 성경을 기초하여 복음을 통한 영혼 구원과 사회를 향한 공공성, 그리고 환경과 생태계까지 아우르는 폭넓은 스펙트럼을 포괄하는 통전적 신학이다. 이러한 신학의 배경에서 실천적인 신학으로서의 목회상담은 영적, 육적, 정신적 돌봄이 필요한 이들이 오직 예수 그리스도의 십자가 구원과 믿음 안에서의 회복과 치유를 경험하게 함으로써 상담을 통해 그들의 마음에 참 자유와 기쁨을 얻게 하려는 데 그 목적이 있다.

목회적 상담의 근본적인 관심은 내담자의 정신적, 영적 연약함과 필요를 파악하여 이를 치유하고 회복하게 하여 건강한 온전성에 이르게 도와주는 것으로, 상담 과정 중에서 하나님의 현존과 그분의 치유하심을 삶의 전 영역에서 경험하게 하고자 하여 돕는다면 이는 모두 목회상담이라 할 수 있을 것이다.

상담의 내용은 1차적으로는 '예비적 관심', 즉, 일반적인 생활과 삶 속에서의 주된 내용들을 가지고 내담자(상담을 받는 이)의 수평적 삶의 문제를 도우려 한다. 그러나 때로는 더 나아가서 2차적 관심인 '궁극적 관심', 즉 하나님과의 관계성, 존재에 대한 문제, 하나님 나라, 구원 등에 관한 질문에도 대답하려 하며 이로 인해 내담자의 총체적인 전인적 회복을 얻게 하는 것들을 다 포괄한다. 그러므로 목회상담은 인간이 가지고 있는 문제들의 여러 가지 측면들, 즉 몸, 마음, 자연, 생태계, 사회, 가정, 환경, 성 문제 등 모두에 관계하고 이들이 서로 영향을 주고받음을 인식하며 전인적으로 이를 치유하기 위한 최종 관심이며 궁극적 관심인 하나님과 자신과의 관계, 예수 그리스도의 구원, 만남에로 나아가도록 돕는 모든 상담 과정이 포함되어야 할 것이다. 이를 위해 목회적 상담은 아래의 성경적 주제들을 기반으로 하여 진행할 것이다.

2. 목회상담의 신학적 기초

1) 성경의 네 가지 기본주제

하나님은 모든 만물을 창조하신 후 엿새째 되는 마지막 날에 인간을 창조하셨다. 그런데 이 인간 창조는 이전의 다른 모든 피조물의 창조와는 달리 독특한 특징을 우리에게 보여 준다. 하나님은 인간을 만드실 때 당신의 형상을 따라서 남자와 여자를 창조하시고(창 1 : 27), 이 둘(남자와 여자)에게 복을 주시며 생육과 번성과 우주 만물을 다스리는 권세를 주셨다. 이는 분명 엄청난 하나님의 사랑이며 하나님의 형상을 따라 지음 받은 인간을 향한 피조세계에 대한 위탁명령이시다. 창세기 1장에서 하나님의 우주 만물의 창조는 보기에 심히 좋은 것이었으며, 그중의 인간은 하나님의 창조질서의 절정이었다. 인간이 '이마고 데이'(Imago Dei), 곧 '하나님의 형상'대로 창조되었다는 것은 하나님과 인간과의 특별관계를 말하고 있는 것이다. 그런 의미에서 하나님의 인간 창조는 하나님의 인격과 성품을 닮은 인간을 통하여 영광 받으시며, 하나님이 지으신 피조 세계의 관리자로, 통치자로서의 인간을 계획하시고 이를 보시며 기뻐하시는 하나님의 창조 의지를 보게 하는 것이기 때문이다. 그러나 첫 사람 아담과 하와는 하나님이 기뻐하시는 뜻대로 살지 않고 사탄의 유혹에 빠져 하나님 대신 자신을 드러내며 자고하여 결국 사탄의 종으로, 타락의 길로, 죄의 질곡 가운데로 떨어지고 말았다. 이제 죄는 첫 사람을 통하여 모든 인류에게 유전되어(롬 5 : 18) 인간은 범죄한 이후 하나님을 떠나고, 사람과 사람이 서로를 미워하고, 의심하고, 시기하며, 오해하고, 싫어하며, 갖가지 죄악 된 생각들로 인하여 사람 상호 간의 관계 속에서 서로에게 '상처를 주고받음'의 끊임없는 고통의 길을 걷게 되었다.[1] 성경 66권은 인간을 창조하신 하나님과 피조된 인간이 하나님께 범죄하여 울부짖는 죄인 됨과 그 죄인들을 위한 구원에 대해 설명하는 말씀이다. 따라서 하나님을 알고 그분의 인간 사랑을 배우고 인간의 본질과 죄와 그 죄인을 회복시키시는 구원사역을 살펴보는 것은 인간을 향한 하나님의 목회적 돌봄과 상담(Pastoral Care and Counseling)에 있어 가장 기본적인 전제이다.

---

1) 김예식, 『새 가정 새 출발』(서울 : 한국장로교출판사, 1999), 20.

(1) 하나님[2]

첫째, 하나님은 인격적 존재로서 사랑("하나님은 사랑이시라", 요일 4 : 8-16)이시다. 구약성경에서는 하나님의 사랑을 말할 때 '헤세드'라는 말을 사용했다. 성경은 하나님을 '미쁘신 분'이라고 한다. 한 번 하신 약속은 끝까지 지키시는 분이라는 뜻이다.

이 하나님의 사랑은 언제든지 선행적이다. 하나님은 인간의 요청이 있기 전에 이미 그의 섭리에 따라 언제든지 먼저 우리를 사랑하신다. 또한 하나님의 사랑에는 한계가 없다. 인간의 사랑은 본질상 상대적인 것이다. 상대적이란 사랑의 대상에 따라 사랑이 변하게 된다는 의미이다. 하나님의 사랑은 하나님과 이스라엘 민족과의 관계를 보아서도 분명하다. 이와 같이 하나님의 사랑에는 한계가 없으며 언제든지 선행적으로 대상을 찾으시고 그들을 먼저 사랑하신다.

둘째, 하나님은 영이시다. 모든 물질적 존재는 시종이 있고 불완전하고 여러 가지 요소로 구성되어 있기 때문에 시간이 흐름에 따라 변화하고 부패하고 분열이 생기고 없어지고 만다. 따라서 모든 물질적 존재에는 항구적 가치가 없다. 그러나 영으로서의 하나님은 모든 존재의 생명력이 되는 동시에 악령을 추방하고 하나님의 백성들을 유혹으로부터 보호해 주신다.

셋째, 하나님은 전지, 전능, 전재하시다. 사람은 피조된 존재이기 때문에 본질적으로 한계성을 가지고 있다. 이와는 달리 야웨 하나님은 창조자이시기 때문에 모든 것을 알고 모든 것을 할 수 있고 모든 곳에 계신다. 이러한 것을 신의 전지, 전능, 전재(어디에나 계심)라고 한다. 따라서 우리가 문제 속에 갇혀 낙심하고 좌절할 때 우리의 위로자로, 상담자로 어느 곳

---

[2] 이종성, 『조직신학개론』(서울 : 기독교문사, 1985), 67.

에서나, 어느 때나 우리를 도우실 수 있다. 그렇기에 우리는 그를 믿고 의지하고 따라갈 수 있다. 또한 피부색과 관계없이 백인들과 같이 계실 뿐만 아니라 흑인들과 황인들과도 같이 계시며, 성별과도 관계없이 남녀노소를 막론하고 그분은 언제나 우리와 함께 계신다.

넷째, 하나님은 영원자이시다. 야웨 하나님은 초시간적이다. 시간에 의해서 영향을 받거나 제약을 받지 않는다. 이와 같이 영원자이신 하나님은 그리스도의 성육신(incarnation)을 통하여 역사와 시간 안에서 구체화되어 그의 뜻을 성취하셨다. 이와 같이 영원자로서의 하나님은 시간 안에서 늘 그의 뜻이 구현되기를 원하신다.

다섯째, 하나님은 의의 하나님이시다. 기독교인들에게 있어 이 하나님의 의는 참으로 중요한 의미를 지닌다. 수많은 기독교인들이 그들의 죄악 된 삶 때문에 의로우신 하나님 앞에 나오지 못하고 고통하고 방황한다. 그러나 그럼에도 불구하고 이 하나님의 의 때문에 죄악과 고통 중에 있는 자들이 그의 의를 힘입어 하나님의 의로운 자녀가 될 수 있는 것이다(롬 10 : 9-10).

여섯째, 하나님은 선이시다. 출애굽기 34 : 6에서 모세는 다음과 같이 말한다. "여호와라 여호와라 자비롭고 은혜롭고 노하기를 더디하고 인자와 진실이 많은 하나님이라". 이처럼 하나님을 선하신 분으로 이해하고 고백한 성경 구절은 허다하다(시 136편).

(2) 인간 그리고 죄

인간은 하나님의 형상에 따라 지음을 받은 피조물이다(창 1 : 27). 하나님께서 하나님의 모양과 형상을 따라 인간을 창조하심은 인간 창조가 하나님 창조 사역의 절정이었음을 말해 준다. 하나님은 당신이 지으신 모든 만물을 인간에게 다스리고 관리하여 줄 것을 명령하셨다. 그러나 첫 사람 아담과 하와는 하나님께 불순종하여 금지된 열매를 먹음으로 타락하였고(창 3 : 6), 그 결과 그의 후손은 처음부터 원죄를 가지게 되었으며(롬 5 : 12, 엡 2 : 1-3), 거기에서 모든 범죄가 나타나 부패한 본성을 가지고 고통 속에 살게 되었다. 따라서 인간은 하나님과의 교제를 잃어버리고 이 세상의 비참한 상태 속에서, 개인적이며 사회적 또는 국가적인 혼란과 불행을 끊임없이 경험하게 되었다. 이처럼 인간은 모두가 다 죄인이다. 죄는 인간이 해결해야 할 가장 시급한 문제이다. 그러므로 인간은 하나님께로 돌아와 자신의 죄의 문제를 해결하고 구원을 받을 때 비로소 만족하며 행복한 생을 누리게 된다.

(3) 예수 그리스도로 인한 구원

예수께서 하나님의 아들이시라는 말은 아버지를 대신하여 아버지의 일을 행하시고 아버지로부터 위임된 일을 실천하심을 의미하고, 하나님께서 사람을 구원하시기 위하여 직접 이 세상에 오셨다는 뜻이며, 보이지 않는 하나님께서 구체적으로 우리 눈에 보이셨다는 뜻이기도 하다. 골로새서는 이를 가리켜 "그는 보이지 아니하는 하나님의 형상이시요"(골 1 : 15)라고 표현함으로써 예수님은 단순한 사람이 아니라 신성을 가진 분이며, 죄가 없으신 하나님 자신이시라고 말씀한다. 예수님은 말씀이 육신이 되어 우리 가운데 거하시기(요 1 : 14) 위해 하늘 보좌를 버리시고 이 땅에 오셔서 인간의 죄를 대속하기 원하셨다.

죄인 된 인간을 구원하는 데는 두 가지 조건이 필요하다. 먼저 죄가 없으셔야 하고, 다음에는 정말 사람으로서 모든 사람의 죄를 대신 짊어지고 그 대가로 완전히 죽어야만 하는 것이다. 그런데 예수께서는 이 모든 조건을 만족시키신 분이다. 그는 "완전한 참하나님이시며 참인간"이시기 때문이다. 이와 같이 참신이시며 참인간이신 주님만이 우리의 죄를 대속하여 구원에 이르게 하실 유일한 분인 것이다. 그리스도의 이와 같은 대속의 죽음은 하나님의 공의에 따라 우리 죄를 대속하시는 화목제물이 되었으며, 범죄로 인해 멀어졌던 하나님과 인간 사이를 화목하게 하셨다. 그러나 십자가에서 죽으신 그리스도는 사흘 만에 다시 부활하셨고(빌 2 : 9-11), 그의 죽음이 우리 죄의 대속인 것처럼 그의 부활은 우리의 새로운 삶의 시작이 되신 것이다(고전 15 : 20).

하나님 ← 구원
↓   ↑
인간 → 죄

성경의 네 가지 주제

2) 하나님의 주도하심과 인간의 자유(God's Initiative and man's freedom)

성경의 4가지 기본 주제인 하나님, 인간, 죄, 구원이 잘 보여 주듯이, 하나님은 인간을 창조하셨고 그들에게 복 주시고 생육하고 번성하고 땅에 충만하고 땅을 정복하고 다스리도록 모든 권세를 주셨다(창 1 : 27-28). 인간은 하나님이 주신 축복을 벗어나 자신의 뜻대로 살아 보려고 사탄의 미혹에 빠져 그 안에서 더 큰 행복을 추구했으나 결과는 자신의 비참함, 평화를 잃어버리고 고통 가운데 지내야 하는 인간의 실존에 대한 발견뿐이었다. 처음부터 그러했지만, 성경의 전체적인 주요 흐름은 하나님의 주도하심(God's Initiative)과 이에 반항하는 인간의 자유(man's freedom)로 요약

될 수 있다.³⁾ 즉, 하나님은 언제나 인간을 먼저 찾아오셨고 그와 관계를 가지시고, 구원하시고, 약속을 주시는 분이다. 그러나 하나님은 또한 인간에게 자유를 주시고 그 자유를 존중하신다. 그러나 그들이 하나님을 부인하고 도전하는 부정적인 결정을 내리고 그것을 선택했을 때, 그 결과에 대한 대가도 감당하도록 하셨다. 결국 그 결과는 인간 자신이 가진 자유로 인한 죄의 노예 상태, 박탈된 자유였다(창 2 : 16-17). 아담과 하와는 하나님을 벗어나면 더 큰 행복이 있는 줄 알았으나 그들은 죄의 노예가 되었고 미움과 질투, 시기와 분쟁, 살인과 원망, 갈등이 그들을 지배하게 되었다. 이처럼 죄 속에서 두려워하며 방황하는 인간에게 먼저 찾아와 구원을 베푸시는 하나님의 사랑, 그 주도적 사랑에 관한 이제까지의 내용을 요약하면 다음과 같다.

인간의 자유 → 부정적 선택 → 자유 박탈(노예) →
하나님의 주도하심(화해) → 치유된 인간

인간이 금단의 열매를 선택한 이후 속임과 자기 방어기제(self defense mechanism)의 시작이 인간 역사에 들어왔다. 상대방에게 자신을 교묘히 속이고, 상대방을 이용하고, 진실된 자아를 감추고 이중 삼중으로 자신을 포장하는 비뚤어진 인간관계 속에서 인간은 서로가 서로를 믿지 못하고 철저히 고독함 속에서 지내게 되었다. 이제 새 자유(new freedom)는 하나님과 인간과의 만남으로부터 온다. 그러나 이 자유가 궁극적으로 우리를 구원에서 제외되도록 내버려 두는 버림을 의미하는 것은 아니다.

위의 네 가지 성경 주제를 목회상담에 적용해 볼 때, 상담자는 하나님

---

3) William B. Oglesby, *Biblical Themes for pastoral care* (Nashville Abingdon press, 1980), 45-77.

이 주도적으로 인간을 먼저 만나시고 관계를 맺으셨듯이 주도적으로 내담자와 적극성을 가지고 관계를 맺으며 그의 부정적인 선택을 건강한 선택으로, 회복하는 선택으로 재결정할 수 있도록 도와주어야 한다. 이는 마치 예수께서 길 잃은 어린 양을 찾아 나서서 그를 찾으면 업고 데려와 구해 주시는 주님의 적극적인 생명 사랑의 실천을 의미하는 것이다(눅 19 : 10). 그러므로 목회상담이 일반 상담과의 다른 점은 목회상담자의 주도성(initiative)과 성도(내담자)의 자유(freedom)가 목회 상황에서 잘 조화를 이루도록 하는 것이다. 즉, 성령의 주도적인 힘을 의지하고 성령이 함께하심을 의지하는 목회 상담자와 자신의 문제를 기꺼이 드러내고자 하는 내담자의 자유가 조화를 이루는 상담 상황을 의미한다.

상담자는 언제나 상담에서 주도적인 위치를 잊지 말아야 하며(knocking), 동시에 자유를 인정하고 기다리는 모습(waiting)이 되도록 노력하여야 한다. 내담자가 문을 열려고 하지도 않는데 문 밖에 서서 쳐부수고 들어가려 한다든지, 아예 문을 노크하려 하지도 않고 내담자를 무관심하게 포기해 버린다든지 하는 것은 문 밖에서 문을 두드리시는 예수님(계 3 : 20)의 영성을 가진 상담자의 참모습이 아닐 것이다.

3) 그 밖의 다양한 목회상담 자원들

목회상담자는 근본적으로 인간의 궁극적 질문에 관심을 가지고 상담하려고 한다. 그렇기 때문에 목회상담은 심리학적인 원리와 임상적인 지혜와 구체적인 상담의 기술만으로는 총체적인 인간 회복을 온전히 이룰 수 없다. 그러나 목회상담자는 한편 심리치료적인 임상적 자원들의 도움을 받아야 한다. 임상적인 자원의 준비 없이 상담하려고 하면 여러 가지 정신, 정서 장애를 돌볼 때 그것을 치유하기 위한 상담기술을 알지 못하기 때문에 상담에 성공하기가 어렵다. 그러므로 모든 목회상담자는 심리치료적이며 임상적인 자원을 얻도록 훈련받는 것이 필수적이다. 또한 다른 한편 목회상담만이 고유하게 가지고 있는 독특한 목회적 자원을 적극적으로 활용해야 한다. 이 자원은 크게 두 가지로 나눌 수 있는데, 그 하나는 성경을 포함한 기도, 종교적인 문서, 기독교 교리, 성례전 등 기독교 신앙전통이 물려준 유산들을 상담의 자원으로 활용하는 것이다.

기도는 상담 상황 속에서 그리스도의 적극적 참여를 간구하는 것이 될 것이며, 또한 내담자로 하여금 하나님이 이 상담 상황에 임재하심을 확인하고 위로를 얻는 귀한 마음의 준비와 자세를 가지게 된다는 점에서 상담의 주요한 자원이 된다. 기도는 내담자의 문제와 상황과 아픔과 혼란 등 내담자를 있는 그대로 하나님께 드리는 상담자의 중보적 자원이다. 이것은 상담자가 제사장이 되어 내담자를 위하여 하나님께 기도드리는 것이다. 이 자원 하나만으로도 내담자는 하나님이 주시는 신비한 평안으로 인도받을 수 있다.

하나님의 말씀인 성경은 내담자의 상담에 구체적인 방향과 치유를 얻게 하는 자원이 된다. 예를 들어 낙심에 빠져 있는 내담자에게 용기를 주는 하나님의 말씀(시 27 : 14, 왕하 6 : 16, 사 40 : 29, 41 : 10, 43 : 1, 빌 4 : 12-13)을, 죄책감으로 괴로워하는 이에게는 사유하시는 하나님의 말씀(요일 1 : 9, 사 55 : 7, 대하 30 : 9, 시 103 : 12, 요일 3 : 20, 히 8 : 12, 고후 5 : 17, 사 43 : 25)이 죄책감으로부터 벗어나 새로운 삶을 찾는 데 큰 자원이 될 수 있게 한다.[4] 이 외에도 성례전을 통한 치유의 경험을 간과할 수 없다. 목회상담자는 상담 과정 중에 성례전을 통한 하나님의 특별하신 사유에의 은총을 내

---

4) 김예식, 『생각 바꾸기를 통한 우울증 치료』(서울 : 한국장로교출판사, 2002), 299-314.

담자가 경험할 수 있도록 인도함으로써 하나님과 인격적인 만남의 기회를 제공할 수 있다. 목회상담만이 가지는 또 다른 두 번째 자원은 교회공동체이다. 목회상담자는 엄밀한 의미에서 목회상담의 주체가 아니다. 지금 고난 당하는 내담자를 돌보기 원하시는 분은 바로 하나님이시다. 하나님이 목회상담의 제1차적인 주체이시다. 그러므로 우리는 교회가 목회상담의 보이는 주체라고 말할 수 있다. 교회가 목회상담을 하는 것이다. 교회가 하나님의 뜻에 순종하여 하나님이 원하시는 대로 고통당하는 내담자를 상담한다.

목회상담자를 선택하고 훈련시켜 목회상담을 위임하고, 그 과정을 지도 감독하며, 그 결과를 평가하는 자는 바로 그리스도의 몸인 교회이다. 즉, 목회상담자는 공동체 안에서 공동체를 위하여, 공동체의 지도하에 상담한다. 그러므로 목회상담자는 교회라는 맥락에서 상담하는 자이다. 교회의 맥락을 떠나서 목회상담을 한다는 것은 불가능하다. 따라서 교회는 목회상담자를 지원하고, 격려하며, 지도하고, 필요한 자원들을 공급하며, 돕는 목회상담의 진정한 자원이 된다. 요약하면 목회상담이 목회상담으로서 독자성을 가지는 이유는 목회상담의 자원이 독특하기 때문이다. 목회상담만이 사용하는 자원은 첫째, 기독교 신앙전통이 물려준 자원들(기도, 성경말씀, 교리, 성례전 등)과 둘째, 교회공동체라는 자원이다. 그러나 목회상담자는 이 두 가지 기독교 공동체의 독특한 자원을 심리치료적 임상적 자원과 조화롭게 사용할 때 최고의 효과를 얻게 될 것이다.

3. 목회상담의 네 가지 목양적 기능[5]

---

5) 한국목회상담학회편, 『현대목회상담학자연구』(서울 : 도서출판 돌봄, 2011), 132–133.

예수님은 탁월한 상담자이시다. 요한복음 4장은 예수님이 사마리아 여인과 나누시는 대화를 보여 준다. 상처 많은 한 여인을 치유와 회복으로 인도하셔서 마침내는 예수님을 구주로 영접하고 세상에 나가 건강한 주님의 자녀로 살아가게 하시는 놀라운 전인적 상담의 대표적 사례이다. 요한복음 4장을 상담 사례로 하여 예수님의 상담을 통해 우리는 목회상담에서의 다섯 가지 기능을 살펴볼 수 있다.

1) 치유(Healing)의 기능

죄 많은 여인이며 이방인 취급을 받던 사마리아 여자가 유대인 남성과는 좀처럼 가질 수 없는 일대일 면담을 우물가에서 가지게 된다. 예수님은 물 길러 온 사마리아 여자에게 물을 좀 달라 하시며 대화를 열어 가신다. 이는 '기초 공감'을 가지게 하는 접근으로서 '물'에서 영혼을 살리는 '생수'에 대한 관심으로 나아가게 하는 상담의 발전 공감을 일으키신 것이다. 이는 또한 상담에서 중요한 친밀관계(라포)를 형성하는 과정이기도 하다.

예수님은 수가성 여인과 공동의 관심인 생수에 관해 대화하면서 이 여인의 다섯 남편에 대한 이야기를 통해 그녀를 상담으로 이끌고 있다. 수가성 여인은 예수님의 직면(confrontation, 내담자가 좀처럼 맞서고 싶지 않은 내면의 아픔을 직시하게 하는 상담기술)을 통하여 스스로 아픔을 인정한다. 예수님은 수가성 여인을 치유에로 초청하심으로써 그토록 간절히 바라던 구원으로 이끌어 가신다. 이로써 여인은 예수님을 참 선지자로 고백(요 4:19)하면서 예수님을 평범한 유대인 남자에서 그 시각이 발전되고 넓어져 자신의 상처 고백에서부터 시작하여 상담 상황으로, 치유단계로 자연스레 발전해 간다.

'치유상담'은 손상이 있기 전, 지배되어 있었던 환경을 단순히 회복시키는 것이 아니라 진전시키는 상태를 의미하는 것으로, 병이 나기 전의 상태나 조건보다 더 나은 상태로 회복되는 것을 의미한다. 그러므로 치유는 결함, 왜곡, 침해 등으로 인해 고통당하는 사람들을 고쳐서 전보다 더 발전한 상태로 회복시키는 것을 목적으로 한다. 그러므로 치유는 손상되고 파괴된 사람을 온전한 상태로 되돌아가도록 돕는다. 따라서 예수님과의 상담적 대화는 이전의 손상되고 고통스런 상태에서 영적 통찰력을 얻어 예배에 대한 관심과 통찰로 나아가는 역할을 하게 하여 사마리아 여인의 마음을 회복시키고 더 큰 회복으로 나아가게 하였다. 치유는 손상된 어떤 기능이 완전히 작용하도록 원상으로 회복시켜 주는 것이며, 완전성을 다시 회복하는 것이다.

치유 목회는 환자의 병(손상된 마음 상태)을 시인하고 수용하고 이해하여 내담자의 감정을 공감함으로써 전인적 회복에 초점을 둔다. 그리고 더 나아가 종교적 차원의 시작에서 하나님과의 회복으로 이끄는 상담의 기능이다. 수가성 여인은 예수님과의 상담을 통해 자신의 수치스러운 과거를 열어 이를 회복하고, 더 나아가 자신의 상처를 수용하시고 공감해 주시는 예수님을 통해 마음의 치유와 함께 영적인 회복과 건강으로 나아가게 되었다.

2) 지탱(Sustaining)의 기능

지탱의 목회는 상실로 인해 온전한 회복이 불가능한 상태에 있는 사람(예를 들면 '사별') 곁에 서서 후원하고 용기를 주는 목회의 상담적 기능[6], 즉 보존의 단계로서 더 이상 나빠지지 않도록 하는 도움을 목표로 하는 상담

---

6) Seward Hiltner, *Preface to Pastoral Theology* (Nashville Abingdon Press, 1959), 89–171.

으로 '위로'가 중요한 기능을 한다. 상실로 고통하는 이에게 자신을 이해하고 돕는 사람이 있다는 것은 크나큰 위로가 된다. 따라서 내담자의 내면의 아픔을 통해 새 삶을 발견하도록 돕고, 그의 삶을 재구성하도록 돕는 이 상담의 기능은 현실적인 사실 또는 시간의 회복은 되돌릴 수 없지만 이후 자신의 마음과 영혼의 회복을 위해서 성숙한 신앙인으로 서 가는 데 너무나도 소중한 상담이 아닐 수 없다.

3) 인도(Guiding)의 기능

일반적으로 둘 이상의 상황에서 무엇을 선택해야 하는 경우 그 선택이 그 사람의 지금과 미래의 상태에 영향을 줄 것으로 생각될 때, 선택을 잘 할 수 있도록 도와주는 상담 기능이다(예를 들면 진로상담, 이혼상담 등). 이 기능은 내담자가 건강한 선택을 하도록 인도해 줌으로써 자기 성찰과 자신의 삶을 점검해 보게 하는 데 기여할 것이다(요 4 : 17). 또한 이를 통해 그리스도와 인격적 교제로 내담자를 인도하여 생각과 행동의 여러 가능성 가운데 분명한 선택을 할 수 있도록 내담자를 성장과 성숙으로 나아가도록 돕게 한다(요 4 : 28-29).

4) 화해(Reconciling)의 기능

내담자에게 있어 자신에게 상처를 준 대상(하나님, 환경, 사람 등)에 대해 인간과 인간 사이, 그리고 인간과 하나님과의 사이에서 깨어진 관계가 회복되어 그들과 화해하도록 하는 목회상담의 기능이다. 이를 위해 상담자는 징계와 훈련의 단계(요 14 : 16-18)를 통해 내담자가 자신의 과거에 대한 왜곡을 통찰하도록 돕는다. 예수님은 '예배'를 주제로 하여 그녀를 참된 예배자의 길로 나가게 도우셨고, 하나님과 예배에 대한 오해를 대화의 주제로 올리심을 통해 그녀가 예수님을 메시야로 만나게 하셨다. 이로써 그녀는 하나님과 화해하고 자신과 화해하며 그동안 관계에서 소외되던 동네의 이웃 사람들과도 화해하여 참 예배자로 변화되었고, 더 나아가 예수 복음의 전달자로 세워졌다. 진정한 자신과의 화해를 통한 주님과의 인격적 만남은 하나님과의 화해는 물론, 자신을 건강한 자아로 세우며, 단절되었던 세상과의 관계의 소통과 회복으로 나아가도록 우리를 회복시킨다.

5) 양육(Nurturing)의 기능

이제까지 목회의 전통적인 상담의 기능에 기독교 상담학자 하워드 클라인벨은 다섯 번째 요소를 추가하였는데, 이것이 곧 '양육'이다. 양육의 목표는 한 인간이 산전수전을 겪는 삶의 여정을 통해 그들에게 하나님이 주신 잠재적 가능성을 개발할 수 있도록 능력을 부여해 주심을 일깨우고 이를 발전하도록 돕는 것이다.

요한복음은 예수께서 오신 목적을 사람들이 '풍성한 생명'을 얻게 하기 위한 것으로 기술한다(요 10 : 10). 인간의 한계, 결핍과 손상에 대한 자각은 인간의 괄목할 만한 잠재력들에 대한 지각과 더불어 우리를 성장하도록 돕는다. 목양적 상담의 본질은 한마디로 '영혼의 돌봄'이어야 한다. 이는 예수 그리스도의 사랑의 가르침을 바탕으로 한 목표의 수행이다. 이를 위해서는 말씀을 통한 하나님과의 만남을 통해 이루어진다.

목회상담은 말씀을 가지고 돌보고 말씀으로 치유하는 모든 역할과 기능을 포함한 삶의 전 영역을 건강하게 치유하며 회복하게 하고, 더 나아가 성장하고 발전된 삶을 살도록 하는 데 기여한다. 하워드 클라인벨은 이를 위해서 영을 핵으로 한 전인 건강을 증진시킬 것을 말한다. 전통적으로 볼 때 이는 '치유', '지탱', '인도', '화해'의 기능이다. 여기에 '양육'의 기능을 더

부가하고 있다. 양육의 목표는 "하나님이 주신 가능성을 개발할 수 있도록 능력을 부여하는 것"이 될 것이다.

4. 나가는 말

목회적 돌봄은 위의 다섯 기능에 초점을 맞추었으나 교회 내 목회적 상담은 돌봄의 기능과 양육에서 더 나아가 고통과 손상 가운데 있는 내담자들에게 전인적 성장을 통해 그리스도의 장성한 분량(엡 4 : 13)에 이르는 성숙한 인간으로 나아가도록 돕는 것이다.

우리를 향한 하나님의 유일한 비전은 우리의 영과 혼과 몸이 우리 주 예수 그리스도가 강림하실 때 흠 없게 보전되는 것이다(살전 5 : 23-24). 통전적 기독교 신학의 기초 위에서 성경이 제시하는 네 가지 주제를 밑그림으로 하여 이루어 가는 상담은 전인 건강을 이루어 주의 자녀들이 건강한 삶을 회복함으로 우리의 전인적 구원을 이루기 원하시는 하나님의 비전의 성취에 기여해야 할 것이다.

/ 토론주제

1. 성경의 4가지 기본주제를 통해 우리에게 찾아오시는 하나님의 사랑과 인간의 죄성과 예수 그리스도를 통한 구원에 대해 묵상하고, 이를 상담에서 어떻게 적용할지 나누어 봅시다.
2. 하나님과 예수 그리스도는 당신에게 어떤 분입니까?
3. 하나님의 주도하심(먼저 찾아오심, 화해)과 인간의 자유(도전)를 내 삶과 연결해서 생각해 볼 때, 당신은 인간의 자유 → 부정적 선택 → 자유 박탈(노예 상태) → 하나님의 주도하심 → 치유됨의 과정 중에서 지금 어디에 있습니까?
4. 성경과 기도 외에도 기독교 교리나 성경공부 자료들, 성례전, 교회 공동체 등 다양한 목회상담을 위한 자원들이 있습니다. 이 자원들을 상담에 적용하여 도움을 얻기 위해서 어떤 준비가 필요할까요?
5. 목회상담의 네 가지 목양적 기능, 즉 치유의 기능, 지탱의 기능, 인도의 기능, 화해의 전통적 기능과 여기에 더하여 양육의 기능까지 살펴보았습니다. 당신은 이 중 어떤 기능을 통해 상담적 도움을 받고 있으며, 그리고 어떤 상담으로 돌봄이 필요한 주변의 사람들을 돌볼 수 있을까요?

/ 참고문헌

1. 김예식. 『새 가정 새 출발』. 서울 : 한국장로교출판사, 1999.
2. 이종성. 『조직신학개론』. 서울 : 기독교문사, 1985.
3. William B. Oglesby. *Biblical Themes for Pastoral Care*. Nashville Abingdon Press, 1980.

4. 김예식. 『생각 바꾸기를 통한 우울증 치료』. 서울 : 한국장로교출판사, 2002.
5. 한국목회상담학회 편. 『현대목회상담학자연구』. 서울 : 도서출판 돌봄, 2011.
6. Seward Hiltner. *Preface to Pastoral Theology*. Nashville Abingdon press, 1959.
7. Howard Clinebell. 박근원 역. 『목회상담신론』. 서울 : 한국장로교출판사, 2009.

기독교교육의
기초

김치성 목사(전 총회교육자원부 총무)

오늘날 우리 교회교육은 커다란 난관에 부딪치고 있다. 교회마다 교회학교를 다시 살리기 위하여 갖은 아이디어를 짜내고 많은 투자를 하고 있기도 하고 어떤 교회들은 아예 포기 수준으로 접어들곤 한다. 그런데 이러한 상황 속에서도 우리는 교회에는 태생적으로 교육적 사명이 있다는 것을 기억하여야 할 것이다. 예수님께서는 승천하시기 전 "그러므로 너희는 가서 모든 민족을 제자로 삼아 아버지와 아들과 성령의 이름으로 세례를 베풀고 내가 너희에게 분부한 모든 것을 가르쳐 지키게 하라 볼지어다 내가 세상 끝날까지 너희와 항상 함께 있으리라 하시니라"(마 28 : 19-20)라고 말씀하셨다. 그런데 교회의 교육적 사명을 교회학교에만 국한시키는 것은 좁은 관점이다. 이는 2,000여 년의 교회 역사를 보면 항상 교육이 있어 왔기 때문이다.

교회의 기본 사역에는 레이투르기아(예배, 예전), 케리그마(말씀 전파),

디다케(가르침, 교육), 디아코니아(봉사), 코이노니아(교제)의 5가지가 있다. 좁은 의미로 본다면 교육은 이 5가지 중의 한 부분이다. 그러나 넓은 의미에서의 교육목회의 관점에서는 이 5가지 모두를 교육과 가르침의 영역과 대상으로 여기고 있다. 즉, 예배도 가르쳐야 하고, 말씀, 봉사, 교제 이 모든 것을 가르치고 교육시켜야 한다는 것이다. 그러므로 교회는 교육과 가르침의 공동체이며 배움의 공동체이기도 하다. 교회에서의 가르침과 배움의 사역이 이렇게 중요한데 정작 우리는 교육이 무엇인지 제대로 알지 못한다. 이는 우리를 "기독교교육은 무엇인가?"라는 질문으로 인도한다. 필자는 이에 대한 답으로 '기독교교육의 기초'에 대하여 기술하고자 한다. 그리고 전통적인 교육 전개 과정은 대체적으로 교육목적, 교육내용, 교육방법 등으로 진행되기에 이에 준하여 오늘날 기독교교육이 처한 교육적 상황, 교육에 대한 기본 개념 이해, 기독교교육 목적, 기독교교육 내용, 기독교교육 방법(교수학습법)에 대하여 기초적으로 기술하고자 한다.

1. 기독교교육의 삶의 자리 : 우리는 어떠한 상황 속에 처해 있는가?[1]

교육은 항상 그 당시의 시대적 상황과 대화하며 진행되어 왔다. 우리 기독교교육도 교리교육은 예외로 치더라도 현재의 상황과 대화하며 시행되어져야 한다. 특히 우리가 처한 기독교교육의 현장 상황은 그 판 자체가 커다랗게 변하고 있다. 필자는 이 변화하고 있는 판을 '플랫폼'이라는 어휘로 설명하고자 한다.

---

1) 김치성, "한국교회 백신을 찾아라(5)," 『한국기독공보』 2021년 3월 10일의 글을 일부 수정.

'플랫폼'이란 'flat+form'의 합성어로 평평한 형태를 의미하며 기차역 연단, 강단 등을 의미한다. 여기에서 발달하여 공급자와 수요자가 만나는 공간을 의미하게 되었고, 이제는 전자단말기 등을 통하여 다양한 집단들과 개인이 만나는 온라인 공간을 의미하게 되었다. 교회학교에서의 교육자와 피교육자가 만나는 공간도 교육플랫폼이라 말할 수 있다. 그런데 교회교육의 그 플랫폼이 급격히 바뀌고 있다.

첫 번째 플랫폼의 변화는 사회 속 종교 분위기의 변화이다. 1990년대 초부터 2010년대 어간까지 우리 사회를 관통한 사회현상이 있었다. 이는 포스트모던 현상이다. 포스트모더니즘의 특징에는 지성보다는 감성, 객관적 인식론보다 주관적 인식, 공동체성 강조, 거대담론과 진리에 대한 부정 등이 거론된다. 이 현상에 영향을 받아 생겨난 교육학을 구성주의 교육학이라고 한다. 구성주의 교육학은 개인들의 삶의 '맥락'(context)을 중시한다. 그러므로 삶 속에서의 개인의 '경험과 체험'을 중시하는 교육경향을 강하게 보여 준다. 그리고 포스트모던과 구성주의 교육학의 토양 속에서 자라난 세대가 있다. 이들을 MZ세대라고 한다. MZ세대란 1980년대 초부터 2000년대 초에 태어난 밀레니엄 세대와 Z세대를 함께 아우르는 말이다. 이들은 디지털 환경에 익숙하여 디지털 기기 사용에 능숙하며, 최신 트렌드와 이색적인 경험을 추구하는 경향을 지닌다. 또한 개인의 행복, 자신의 성공, 부를 과시하며 명품에 마음을 연다. 그들이 이 시대에서 필요로 하는 것은 '명품체험교육'이다.

두 번째 플랫폼의 변화는 교회학교 인구의 변화이다. 한국교회는 70년대 이후 산업부흥과 더불어 교회학교의 급격한 부흥을 경험하였다. 그러나 이제는 개교회가 그러한 부흥을 기대하기 쉽지 않다. 이유는 교회의 숫자도 많아지고 저출산으로 인해 다음세대가 현저히 줄고 있기 때문이다.

그리고 중요한 이유가 하나 더 있다. 바로 우리나라가 탈종교사회로 진입하고 있다는 점이다. 몇 년 전 국가 통계청이 조사한 종교인구 센서스에 의하면 기독교 인구가 가장 많았다. 그러나 이 조사에 의하면 기독교, 불교, 유교 등 모든 종교 인구를 다 합쳐도 총 인구 대비 45% 정도에 불과하다. 나머지 55% 이상의 인구는 종교가 없고 추측컨대 점차 더 늘어날 전망이다. 이는 우리가 살고 있는 이 세상이 탈종교사회, 세속사회로 돌입하고 있다는 것을 말해 주는 것으로, 앞서 말한 포스트모던 현상에 영향을 받아 나타나는 현상이다.

세 번째 플랫폼의 변화는 4차 산업혁명과 인공지능(AI) 시대의 도래이다. 현재의 교회 지도자들은 4차 산업혁명의 개념과 현상을 쫓아가기도 버거운 상태이며, 아직도 3차 산업혁명적 사고방식에 대부분 머물러 있다. 현실적으로 이를 쫓아가기에는 상당한 재정 부담도 있고 위험 부담도 있다. 앞서 언급한 MZ세대와 그 이후 세대는 이러한 교회를 어떻게 생각할까? 여기에서 고려되어야 할 것이 바로 '권위'이다. 교육이란 권위가 높은 곳으로부터 아래로 흘러내릴 때 비로소 가능한데 3차 산업혁명에 머물러 있는 사람들의 말을 4차 산업혁명 시대의 사람들이 제대로 귀담아 들어 줄까? 한 가지 희망적인 것은 코로나19 사태 이후에 비대면 예배가 늘어나면서 각 교회마다 다양한 디지털 기기를 통하여 교인들과 접촉하는 것을 볼 수 있다. 특히 근래 교회에서 신앙교육을 할 수 있는 교회교육 시간이 줄어들고 있다. 이를 극복하기 위한 방법으로 다양한 디지털 기자재, 플랫폼, 프로그램, 어플 등을 이용하여 다음세대에게 다가가며 신앙교육의 시간을 늘려 갈 수 있어야 할 것이다. 이를 위한 노력을 주저하지 말아야 한다.

2. 기독교교육의 기본 개념 알기

앞에서 우리가 처한 교육현장을 플랫폼이란 개념을 통하여 살펴보았다. 급격한 변화가 일어나는 분위기이다. 그러나 아무리 사회 분위기가 바뀌더라도 교육의 기본 개념은 바뀌지 않는다. 그래서 교육의 기본 개념부터 살펴 나가도록 한다.

먼저 어휘 분석으로 교육이란 말의 의미를 살펴보자. 교육은 영어로 'education'이라고 한다. 이 영어 단어는 고대 로마어(라틴어)인 'educare'로부터 왔다. 이 단어는 '밖으로'라는 뜻을 가진 접두사 'e'와 '이끌어낸다'는 뜻의 'ducare'가 합쳐져서 이루어진 말로, 그 뜻은 인간의 내면으로부터 그 무엇을 밖으로 이끌어내는 것이라 해석할 수 있다. 즉, 고대 로마 사람들은 교육을 사람의 내면에서 그 무엇을 끄집어내어 외면화시키는 행위로 이해하였다.

두 번째로 한문을 살펴보자. 우리가 발음하는 그대로 '敎育'이란 단어가 있다. 이 단어의 의미를 보면 '敎'의 부수는 '孝'(耂〈老〉+子)와 '攵'(支, 때리다)이 합쳐진 것으로 되어 있다. 그 의미는 "노인이 아들을 때리다."이다. 즉, 아들이 올바른 길을 걸어가도록 회초리로라도 가볍게 때리면서 훈련시키는 것이다. 또한 '육'(育)은 '子'의 거꾸로 된 모습과 '月'이 합쳐진 것인데, '月'은 '肉'이라는 의미로 이 모든 모습은 아기가 태 내에서 나오는 모습을 의미한다. 즉, 고대 중국 사람들이 생각했던 교육의 의미는 회초리로 가볍게 때려서라도 아이들이 올바른 길로 가도록 하는 것이며, 아울러 아이를 배어 출산하는 것같이 부모의 마음으로 아이들을 가슴에 품는 행위라고 생각하였던 것이다.

이러한 교육의 개념을 학문에서는 어떻게 규정하고 있을까? 학자와 학파마다 그 의미를 달리할 수 있지만 일반적으로 동의되는 것이 있다. 교육이란 '바람직한 방향으로의 변화를 유도하는 것'[2]이라는 이해이다.

여기에서 교육의 3가지 요소가 등장한다. 첫째로 교육은 '바람직한 방향'이 있어야 한다. 중구난방이거나, 사람이 천박하게 되거나, 인간의 품위를 해치는 행위를 교육이라고 일컫지 않는다. 즉, 사람을 고상하게 만들고, 품위 있게 만들고, 사람답게 만드는 것을 교육의 행위라고 한다. 특히 우리는 기독교교육을 추구한다. 그러므로 우리가 추구하는 바람직한 방향은 기독교의 방향이고 십자가의 방향이다. 복음이 증거하는 방향으로 사람들을 이끌어 그들이 하나님의 구원 안에 들어오게 하고 복음이 추구하는 인간이 되게 하는 것이 우리가 추구하는 기독교교육의 방향이 된다.

두 번째 요소는 '변화'이다. 영어로는 'transformation'(변형)이라고 일컫는다. 즉, 교육이라는 행위는 인간의 변화와 변형을 추구한다. 가르침과 배움의 행위 뒤에는 바뀌어야 한다. 그리고 변형의 세계에는 3가지 형태의 변화와 변형이 뒤따른다. 첫째는 지식의 변화이다. 이는 객관적인 지식의 양의 변화를 의미한다. 둘째는 감정과 감성의 변화이다. '정'적인 면에서의 변화를 의미한다. 마지막 세 번째는 행동의 변화이다. 배우고 익히면 그 결과물로써 행동이 변화된다. 이를 '의'적인 면에서의 변화라고 일컫는다. 결과적으로 교육이란 행위는 '지', '정', '의'의 전인적인 변화를 추구하는 것이다. 교육은 '지', '정', '의'의 변화를 통하여 사람들이 편향되지 않으며, 균형감 있고, 성숙한 사람으로 살아가게 한다.

마지막 세 번째 요소는 '유도'이다. 이는 의도적인 행동으로 학습자들

---
[2] 이형행, 『교육학개론』(파주 : 양서원, 2004), 14-17, 박철홍 외, 『현대 교육학개론』(서울 : 학지사, 2013), 40-41 참조.

이 교육목표에 도달하도록 이모저모로 강화 프로그램을 진행하여 흥미를 갖게 하는 것을 말한다.

3. 기독교교육 목적 : 우리는 무엇을 성취하려고 하는가?[3]

앞에서 교육의 개념에 대하여 살펴보았다. 이러한 개념에 근거하여 우리가 기독교교육을 진행할 때 가장 먼저 "우리는 무엇을 성취하려고 하는가?"라는 질문, 즉 교육목적을 다루어야 한다. 목적이 없는 교육은 생각할 수 없다. 우리의 모든 교육행위는 목적이 있는 행동이 되어야 한다. 그런데 이를 다루기 전에 '교육목적'(purpose, goal)이라는 말과 '교육목표'(objectives)라는 말의 차이를 명확히 할 필요성이 있다. 많은 이들이 혼동하고 있기 때문이다. 이 둘은 같은 듯하지만 상당히 다르다. 교육목적은 이상적이고 형이상학적으로 기술된다. 즉, 우리가 궁극적으로 추구하는 가치들을 말할 수 있다. 예를 든다면 구원, 사랑, 아름다움, 은혜 같은 어휘들이다. 이 단어들은 굉장히 포괄적이고 원대하다. 그리고 현실 세계에서 한 번의 행위로 완전히 성취하기 어렵다. 반면 교육목표는 구체적인 행위로 실현 가능한 것을 의미한다. 인사 잘하기, 기도하기, 뛰어가기 등의 구체적 행동과 관련된 어휘들이다. 그래서 항상 교육목적은 교육목표보다 상위 개념이고, 하나의 교육목적은 많은 교육목표를 포함하게 된다.

그리고 현재 모든 기독교단들은 그들만의 교육목적을 사용하며, 모든

---

[3] 이 부분은 필자의 다음의 글을 약간의 수정을 거쳐 가져온 것이다 : 김치성, "GPL공과란 무엇인가?", 『새교사대학 I』, 서울 : 대한예수교장로회 총회교육자원부.

교단이 동일하게 사용하고 있지 않다. 각 교단이 생겨날 때부터 나름대로의 신학적인 성향이나 분위기에 따라서 상이하게 나타날 수밖에 없기 때문에 각 교단은 자신들의 교육목적을 별도로 갖고 있게 된다. 우리 교단은 이러한 교육목적을 예전부터 연구하여 총회의 허락[4]을 받아 시행하여 오고 있다. 우리 교단의 교육목적을 좀 더 분석하여 본다.

"모든 사람들로 하여금 성령을 통하여 예수 그리스도의 복음으로 하나님의 사람이 되어 자신과 교회와 세상을 새롭게 하는 하나님 나라의 일꾼으로 헌신하도록 돕는다."

1) 모든 사람들로 하여금

우리 교단이 지향하는 교육목적은 모든 사람들로서, 자라나는 세대는 물론 기성세대와 노년까지 다 포함한다. 즉, 요람에서 무덤까지 전 인생의 단계에 있는 모든 자를 교육대상으로 삼는다. 그리고 이 사람들이 궁극적으로 하나님의 은혜로 변화되어 하나님의 일꾼으로 성장하도록 돕는 것을 교육목적으로 설정하며, 누구나 하나님의 은혜로 하나님 나라의 일꾼이 될 수 있다.

2) 성령을 통하여

우리는 기독교교육을 시행함에 있어서 인간이 인간을 가르치지만, 이는 외부적으로 나타나는 것일 뿐 진정한 교육은 우리 사이에서 역사하시는 성령께서 감동 감화시켜 주시고 도와주실 때 기독교교육이 성취됨을

---

[4] 우리 교단은 몇 차례에 걸쳐 교육목적을 개정하여 왔다. 최근의 것은 제96회 총회(2011. 9. 19-22., 청주상당교회)에서 허락된 교육목적이다.

고백한다. 그리고 이를 우리의 교육목적으로 설정한다. 바로 이 부분이 일반교육과 기독교교육의 근본적 차이점이 된다.

3) 예수 그리스도의 복음으로

기독교교육의 핵심은 예수 그리스도의 복음이다. 예수 그리스도의 십자가의 죽음과 부활로 말미암는 구원의 소식을 듣고 이를 받아들임으로 말미암는 죄 용서함과 구속의 은총을 누리는 것은 기독교교육의 출발이자 근원이다. 모든 사람들로 하여금 복음을 경험하게 하는 것이 우리의 교육이 되어야 한다.

4) 하나님의 사람이 되어

교육은 근본적으로 사람의 변화에 집중한다. 우리 기독교교육은 모든 이들이 하나님의 사람으로 변화되어 세워지도록 집중하여야 한다. 그리고 하나님의 사람으로 변화됨은 지, 정, 의의 모든 면에서 하나님이 기뻐하시는 존재로의 변화를 의미한다.

5) 자신과 교회와 세상을 새롭게 하는

기독교교육의 궁극적 목적은 자신과 교회와 세상을 복음으로 새롭게 하는 것이다. 그러므로 나 자신의 성품, 태도, 가치관, 비전부터 복음으로 변화시키고, 하나님의 영광이 가득 찬 교회가 되게 하며, 하나님의 빛으로 자신이 속한 가정은 물론 이웃과 세상을 변혁시켜야 한다.

6) 하나님의 나라의 일꾼으로 헌신하도록

하나님의 나라는 기독교교육이 추구하는 최고의, 최선의 궁극적인 목적이다. 하나님은 모든 사람들을 하나님 나라의 일꾼으로 부르셨고 이 땅에 하나님의 나라가 이루어지기를 원하신다. 기독교교육은 바로 그 하나님 나라의 일꾼으로 헌신하도록 하는 데 목적이 있다.

7) 돕는다

기독교교육은 하나님의 역사를 돕는 행위이다. 성부, 성자, 성령께서 기독교교육의 주체가 되셔서 각 사람을 변화시키시고 각 사람은 이러한 변화에 응답하게 되는데, 교육담당 교역자와 교사, 학부모는 이를 수종들고 돕는 역할을 담당한다. '돕는다'는 의미 속에는 겸손히 하나님의 도구가 됨으로 하나님의 교육이 이루어지는 통로가 된다는 뜻이 담겨 있다.

4. 기독교교육의 내용 : 무엇을 가르쳐야 하는가?[5]

우리는 앞에서 기독교교육의 목적으로서 무엇을 추구하는가에 대하여 살펴보았다. 그리고 목적이 설정되면 이를 이루기 위하여 "무엇을 가르쳐야 하는가?"에 대한 주제가 제시되어야 한다. 기독교교육의 내용에는 무수히 많은 주제가 있는데 우리 교단에서는 성경과 우리의 삶을 연결시키기 위하여 다음의 수평적 구조와 수직적 구조를 기본적인 교육내용의 구조로 제시한다. 수평구조와 수직구조를 연결시키면 성경과 우리의 삶에서 많은 교육주제를 교육내용으로 창출할 수 있다.

---

[5] 앞의 부분 2)와 동일하다 : GPL공과의 내용체계를 기독교교육 내용으로 제시하고자 한다.

수직구조\수평구조	하나님				교회	나			이웃			세계	
	예수님	하나님	성령	성경	교회	정체성	비전	학업은사	가정	학교	미디어문화	사회	나라지구촌	자연우주
계시														
말씀														
확신														
성품														
비전														
변혁														

1) 수평적 구조

(1) 하나님 : 예수님, 하나님, 성령, 성경

기독교교육의 가장 중요한 교육내용은 하나님을 아는 것이다. 칼뱅이 『기독교강요』에서 강조하고 있는 대로 '하나님을 아는 지식'이 없이는 진정한 의미에서 인간과 피조세계를 알 수 없다. 하나님을 아는 것은 모든 기독교교육의 근본이요 핵심이다. 하나님은 성부 하나님, 성자 하나님, 성령 하나님의 삼위일체 하나님을 의미한다. 또한 성경은 하나님의 말씀으로서 하나님을 아는 앎의 원천이다.

(2) 교회

교회는 우리 기독교인의 삶에서 뺄 수 없는 가장 기본적인 요소이다. 교회는 하나님께서 직접 만드신 기구이다. 전 세계에 수많은 교회가 있지만 전 세계의 그 많은 그리스도의 교회는 하나의 교회이고, 거룩하며, 보편적이고, 사도적이다. 특히 칼뱅은 교회를 '신도들의 어머니'라고 일컫는다. 우리는 교회에서 하나님께 예배를 드리고, 하나님의 말씀을 가르치고 배우며, 봉사하고, 성도들과 교제를 나누며, 성도들을 다양하게 돌보아 준다. 이로 인하여 우리의 신앙을 증진하여 나간다.

(3) 나 : 정체성, 비전, 학업/은사

기독교교육은 인간의 변화를 추구하는데, 나의 변화는 모든 변화의 기본이다. 하나님의 뜻 안에서 내가 누구인지 깨닫고 '하나님의 자녀다운' 삶으로 성숙해 가는 과정은 기독교교육의 중심적 과제라고 할 수 있다. 나의 영역에서 그리스도인의 비전을 지니게 되고 이를 실현해 나가는 과정은 필수적으로 포함되어야 한다. 그리고 하나님께서 모든 사람에게 허락하신 은사를 깨닫고 이를 개발하는 것은 모든 인간을 독특하고 다양하게 창조하신 하나님의 뜻을 이루는 중요한 교육내용이다.

(4) 이웃 : 가정, 학교, 미디어/문화

인간은 관계적 존재로서 하나님과 나 자신뿐만 아니라 이웃과도 관계를 맺고 살아가게 된다. 기독교교육은 사람들로 하여금 하나님께서 원하시는 모습으로 이웃과 관계를 맺도록 도와야 한다. 인간의 관계가 이루어지는 장을 크게 가정, 학교, 미디어/문화, 사회라고 할 수 있는데, 사회는 '세계'의 영역에서 다루어지는 것이 좋을 것으로 판단된다. 그리고 우리는 가정, 학교, 미디어/문화 등의 영역에서 하나님의 사람으로서 성숙해 가고, 복음적인 영향력을 끼칠 수 있도록 돕게 될 것이다.

(5) 세계 : 사회, 나라/지구촌, 자연/우주

기독교교육이 궁극적으로 추구하는 것은 하나님 나라이다. 각 그리스도인의 삶이 변화되는 것을 추구할 뿐만 아니라 세상과 사회를 변화시키고, 나아가 지구촌과 생태계에서도 하나님의 뜻이 이루어지는 것을 추구한다. 그리스도인과 교회는 역사적, 사회적 상황 안에 존재하게 되는데, 각 시대와 사회적 상황 속에서 하나님께서 요청하시는 과제를 수행하여야 하는 사명이 있다. 뿐만 아니라 그리스도인은 민족 통일과 다양한 갈등의 화해, 그리고 환경보전을 비롯한 하나님 나라 구현의 사명을 가지고 있기 때문에 이를 이루는 교육이 되도록 해야 할 것이다.

2) 수직적 구조

(1) 계시, 말씀

수직적 구조에서 계시와 말씀은 연관된 개념이기에 여기에서 함께 묶어 설명한다. 기독교는 근본적으로 계시의 종교라고 일컬어진다. 오늘날 기독교회가 존재하여 온 것은 근본적으로 하나님께서 자신을 드러내 주셨기 때문이다. 계시란 하나님께서 자신을 드러내 주시는 것을 말한다. 우리는 하나님께서 자신을 알려 주시고 보여 주시고 들려주시는 만치 알 수 있다. 그 이상은 상상할 수도 없고 하나님께서 보여 주시는 길과 방법 이외의 것으로 하나님을 알려고 할 때 잘못된 신 인식을 갖게 된다. 성경에 보면 하나님께서는 수많은 모습과 방법으로 인간을 만나 주시고 자신을 보여 주셨다. 그중 최고의 계시 사건은 예수 그리스도의 십자가 사건이다. 예수님의 십자가 사건과 부활을 통하여 우리는 하나님을 볼 수 있다. 예수님의 십자가와 부활을 통하여 하나님께서는 인간을 사랑하심과 생명의 주관자라는 것을 보여 주셨다. 그리고 이를 기록한 것이 말씀이고 성경이다.

(2) 확신

확신은 하나님의 부르심과 계시에 응답하되 이해할 뿐만 아니라 관계를 맺고 신뢰하는 것을 의미한다. 나와 하나님, 나와 나, 이웃과 나, 세계와 나의 관계를 맺되 하나님의 부르심에 근거하여 관계를 맺고 이를 확신

하는 영역이다. 확신은 지적인 이해만이 아니라 감성적이고 정서적인 반응을 포함하며, 이를 실천하려는 의지까지 포함한다.

(3) 성품

성품은 나의 삶의 태도와 습관, 인격이 새로워지는 것을 의미한다. 우리는 하나님의 뜻대로 나의 됨됨이가 변화되어 가야 하고, 그러한 과정은 우리의 평생에 계속되어져야 한다. 그리고 성품의 변화는 우리의 삶 속에서 구체적인 삶의 변화로 나타나게 된다. 그렇지 않으면 이는 추상적인 이해에 머무를 뿐이다. 그러므로 성품의 변화는 세계를 변화시키는 출발점이라고 할 수 있다.

(4) 비전

비전은 나의 미래의 전망을 의미한다. 즉, 교육내용으로서의 비전이란 그 비전이 교육으로 인하여 변화되는 것을 의미한다. 하나님의 눈으로 나와 이웃, 세상을 바라보는 것을 일컫는다. 기독교교육은 사람들로 하여금 성경 안에 계시된 하나님의 말씀에 근거하여 세상에 대하여 전혀 새로운 전망을 갖게 하여 그들로 하여금 그 비전을 이루어 가게 돕는 과정이다. 그래서 변화되어진 비전은 단지 바라만 보는 것이 아니라 느끼고 행하려는 감성과 의지를 수반한다.

(5) 변혁

변혁은 삶의 현장에서의 변화를 의미하는 것으로 하나님의 나라가 이 땅에서 구현되는 것을 일컫는다. 그리스도인의 정체성은 그리스도의 말씀으로 변혁을 일으킬 때 비로소 완성된다. 그리스도인은 하나님의 부르심에 근거하여 자신을 변혁할 뿐만 아니라 이웃과 세계, 삼라만상 속에서 변혁을 이루어 가야 한다. 기독교교육은 이 변혁을 통해 하나님 나라가 이루어지는 것을 추구한다.

5. 기독교교육 방법(교수학습법) : 우리는 어떻게 가르쳐야 하는가?

기독교교육 목적에 근거한 기독교교육 내용을 기독교교육 현장에서 시행할 때 '어떻게 가르쳐야 할까?'라는 고민을 할 수밖에 없게 된다. 이 고민을 풀어 주는 것이 바로 교육방법이며, 여기에서는 교수학습법 중심으로 교육방법을 기술하고자 한다. 우리는 여러 가지 교수학습법을 동원하여 앞서 언급한 교육내용을 효율적으로 전달할 수 있다. 가장 기본적인 방법으로는 질문법, 대화법, 토의법, 시청각법 등을 생각할 수 있다.

1) 질문법

질문법은 학습자들의 사고를 자극하여 어떤 문제에 대해 생각하게 한다. 우리는 질문을 통하여 학습자들이 비판적, 반성적, 합리적인 생각을 하도록 이끌어 줄 수 있다. 그리고 학습과정에서의 주의 집중과 호기심을 유발시켜 학습자들의 참여도를 높여 주어 교사와 학습자 간의 의사소통을 증진시켜 주기도 한다. 그리고 질문은 학습자가 어느 정도 이해를 하는지에 대한 평가의 척도로 사용할 수 있다.

2) 대화법

대화법의 중요성은 아무리 강조하여도 지나치지 않다. 기독교교육의 핵심은 만남이다. 하나님과 학습자와의 만남, 교사와 학습자와의 만남, 학습자와 교재의 만남 등이 있다. 이 만남은 인격적인 소통으로 가능하다. 그리고 만남의 핵심은 대화이다. 대화를 통하여 상대방을 깊이 만나게 된다. 교사들은 이러한 대화의 방법을 잘 사용하여 우리의 다음세대가 하나님을 깊이 만나게 해 주어야 한다.

3) 토의법

토의법은 어떤 주제에 대하여 학습자들 내부의 생각과 체험 등을 발표의 형식으로 외부로 표현하게 하여 다른 이들이 듣고 그 주제에 대하여 심층적이고 다면적으로 이해하게 한다. 이러한 토의법에서 교사는 매개자요, 조력자이다. 학습자는 능동적으로 학습에 참여하게 된다. 그리고 토의법의 방법과 형식에는 브레인스토밍, 버즈그룹, 케이스 스터디, 패널토론 등이 있다.

4) 시청각법

시청각법은 문명의 발달과 더불어 아주 활발하게 여러 교육환경에서 유용하게 사용되고 있다. PPT, 동영상은 흔히 사용되는 방법이다. 그러나 고전적으로 사용되어 왔던 여러 방법들이 아직도 유용하다는 것을 기억하여야 한다. 손가락 인형 만들기, 양말 인형 만들기, 그림 그리기, 디오라마 만들기 등은 어린 학생들의 흥미를 유발시키고, 그들의 손끝 감각을 발달시키며, 그들의 상상력을 키워 준다.

5) 교수학습법의 계열

앞에서 우리는 교수학습법을 낱개의 단위로 살펴보았다. 이를 계열별로 종합 정리하여 보자. 왜냐하면 교사들은 소그룹 안에서 이 모두를 종합적으로 사용하여야 하기 때문이다. 교회의 대다수 학습공동체는 주로 소그룹으로 운영된다. 소그룹 안에서 교사는 학생들을 가르치고 학생들은 배운다. 소그룹 안에서 어떻게 성경학습과 영적 만남의 역동성을 극대화할 수 있을지에 대한 실질적인 연구와 고민이 있어야 한다. 그렇기에 기도로 돕기, 심방하기, 각종 메신저로 소통하기, 리더십 발휘하기, 그리고 위에서 언급한 모든 것을 총망라해서 소그룹을 영적 공동체로 이끌어 나가야 한다. 앞에서 언급한 것을 지식, 감성, 행동이라는 범주의 관점에서 단위별 교수학습법을 정리하여 본다.

① 지식 위주의 교수학습법 : 독서회, 강의, 토의법(브레인스토밍, 패널, 질의응답, 세미나, 심포지엄 등), 동영상 시청 및 토론, 조사 보고 및 인터뷰 등
② 감성 위주의 교수학습법 : 음악감상회, 찬양과 율동, 극활동법, 공동 글짓기, 작품 감상 대화, 담화 등
③ 행동 위주의 교수학습법 : 학습센터, 모의게임, 시범학습, 현장답사 및 체험, 워크숍, 프로젝트 활동그룹

6. 나가는 말

지금까지 우리는 기독교교육을 효율적으로 성취하기 위한 일련의 과정을 살펴보았다. 교육은 상황과의 대화를 통화여 전개해 나가기 때문에 현재 우리 기독교교육이 처한 교육적 상황을 우선 점검해 보았다. 그리고 이 상황 속에서 교육의 본질을 찾기 위하여 교육에 대한 기본 개념 이해와 이를 기독교교육에서 성취하기 위하여 기독교교육 목적, 기독교교육 내

용, 기독교교육 방법(교수학습법)에 대하여 기초적 관점에서 살펴보았다. 아무쪼록 이 작은 글이 교회의 지도자들과 성도들, 모든 이들에게 유용한 글이기를 바란다.

/ 토론주제

1. 오늘 우리가 처한 교회교육의 환경에 대하여 이야기해 봅시다.
2. 여러분들은 교육이라는 어휘에 대하여 어떻게 이해하고 있습니까?
3. 교육의 대체적인 학문적 정의에 대하여 어떻게 이해하고 있는지 이야기해 봅시다.
4. 교육을 행함에 있어서 그 과정이 어떠한지 이야기해 봅시다.
5. 여러분들은 교회의 가르침에 있어서 어떠한 교수학습법을 주로 사용하고 있습니까? 그리고 앞으로 어떤 방법을 사용하고 싶습니까?

/ 참고문헌

1. 김치성. "한국교회 백신을 찾아라(5)." 『한국기독공보』 2021년 3월 10일.
2. 이형행. 『교육학개론』. 파주 : 양서원, 2004.
3. 박철홍 외. 『현대 교육학개론』. 서울 : 학지사, 2013.

우리 교단의 디아코니아(Diakonia) 신학

최무열 목사(대지교회)

평신도들에게는 '디아코니아'라는 개념이 무엇인지 선명하게 떠오르지 않는다. '디아코니아'는 예수님의 지상사역을 논할 때 예수님이 중점적으로 사역하신 세 가지 중 하나인데, 마태복음 9 : 35 말씀을 그 근거로 한다.

"예수께서 모든 도시와 마을에 두루 다니사 그들의 회당에서 가르치시며 천국 복음을 전파하시며 모든 병과 모든 약한 것을 고치시니라"(마 9 : 35).

천국 복음을 전파하심(Kerygma : 케리그마-복음사역)
가르치심(Didache : 디다케-양육사역)
병과 약한 자를 고치심(Diakonia : 디아코니아-섬김사역)

예수님의 사역을 크게 삼분화 할 때 첫째는 천국 복음을 전하는 복음 사역, 둘째는 가르침과 양육의 사역, 그리고 셋째는 병든 자와 약한 자들을 고치시고 섬기시는 섬김의 사역인 것이다. 이 세 가지 사역은 서로 역동적인 관계를 형성하기 때문에 어느 한 사역도 등한히할 수 없는 것이다. 이것을 예수님의 통전적 사역(wholistic approach)이라고 말한다. 이런 측면에서 예수님의 섬김 사역인 디아코니아는 예수님의 사역을 이해하는 데 있어서 참으로 중요한 개념이 아닐 수 없다.

이러한 예수님의 사역은 그대로 교회에 전승되어 교회의 중요 3대 사역을 복음전도, 양육, 그리고 섬김의 사역으로 정의할 수 있는 것이다. 또한 교회의 섬김 사역인 디아코니아는 시대가 현대화되면서 다양하게 정의되고 있는데 '교회의 사회봉사', '교회의 사회 참여', '교회의 섬김 사역' 등으로 명명되기도 하나, 최근에 들어서는 '기독교 사회복지'라는 관점으로 널리 이해되고 있다. 그러나 디아코니아라는 개념은 신약시대부터 지금까지 변치 않고 사용되고 있는 소위 기독교 고유의 개념이라는 점에서 '디아코니아 신학'이라 정의하는 것이 옳다고 본다.

이처럼 디아코니아는 교회의 존재론적 관점에서 이해되어야 할 개념이자 또 중요한 실천신학의 바탕을 이루는 개념으로서 우리 교단의 신학 정립에 있어서 필수적인 사안이라 하지 않을 수 없다. 자랑스럽게도 우리 교단의 디아코니아 신학은 다양한 뿌리를 그 근간으로 삼고 있다. 첫째는 성경적 토대 위에 정립되었다는 것이고, 둘째는 교회의 역사적 토대 위에 정립되었으며, 셋째로 그리스도인의 삶의 실천적 바탕 위에 정립되었을 뿐만 아니라, 경건주의적 바탕 위에, 그리고 마지막으로 전문적 사회복지적 개념 위에 설정되었음을 이해해야 한다. 따라서 우리 교단의 디아코니아 신학의 근간을 이루는 이러한 요소들이 구체적으로 무엇인지 살펴보고자 한다.

1. 성경적 토대 위에 정립된 우리 교단의 디아코니아 신학

모세오경이라 불리는 토라(Torah)에는 계약 법전, 성결 법전, 그리고 신명기 법전이라 불리는 중요한 세 가지의 법전이 포함되어 있다. 이 법전이 제정된 주요 이유는 하피루(종)로 지칭된 히브리인들이 한때 이집트의 노예생활을 하면서 중동지역 전역에서 그 지역 토착민보다 더 낮은 계층에 속하여 극한의 상황에서 살아감으로써 수모를 당했을 뿐만 아니라 그들의 기본적인 생존권마저 박탈당하는 비극의 삶을 살았기 때문이다. 이런 의미에서 그들이 정착한 가나안 땅에서는 인간의 기초 생활권이 위협받아 인간 이하의 삶을 살아가는 그런 비극적인 일이 결코 발생하지 않도록 하기 위한 하나님의 제도적 사회보장의 목적을 지니고 있었다. 이들을 보호하기 위한 기초적 법은 아래와 같다.

안식일 제도
이삭 나누기 제도
3년마다 드리는 십일조 제도
땅의 휴경제
각종 절기를 통한 나눔의 제도
희년 제도

이러한 법적인 제도들을 통하여 이스라엘 백성, 특히 사회적 약자들은 한 사람도 고통받는 사람 없이 모두가 공평하고 정의로운 삶을 살 수 있었다.

예수 그리스도의 가르침 또한 구약의 사회적 약자 보호가 그 중심이 되고 있다. 예수 그리스도의 사역은 단순히 천국복음을 전하는 그런 편협된 선교관이 아니었다. 도리어 예수님은 철저한 통전적 가치관과 접근방식으로 그의 사역에 임하셨다. 마태는 예수 그리스도가 얼마나 통전적이며 통합적인 선교관으로 백성들에게 다가가셨는지 잘 설명해 주고 있다. 마태는 예수의 사역을 가르침의 사역, 선포의 사역, 그리고 사회치료의 사역으로 이해하고 있다. "예수께서 모든 도시와 마을에 두루 다니사 그들의 회당에서 가르치시며 천국 복음을 전파하시며 모든 병과 모든 약한 것을 고치시니라"(마 9 : 35). 놀라운 것은 마태가 그의 복음서 4장에서 글자 한 자 틀리지 않고 이를 반복하고 있다는 사실이다. 이는 그만큼 예수의 사역이 그의 눈에 균형 있게 전달되고 있다는 증거가 된 것이었다. 이러한 통전적 접근의 또 다른 예로 "네 마음을 다하고 목숨을 다하고 뜻을 다하여 주 너의 하나님을 사랑하라 하셨으니 이것이 크고 첫째 되는 계명이요 둘째도 그와 같으니 네 이웃을 네 자신같이 사랑하라"(마 22 : 37-39)는 내용 역시 지속적으로 되풀이되고 있다는 사실이다.

　이러한 주님의 가르침은 초대교회에 결정적인 영향을 미쳐 서로가 서로를 보호하는 보호공동체를 이루고 있었다. 그들은 모여서 사도의 가르침을 받아 서로 교제하고, 기도하기를 힘썼으며, 재산과 소유를 팔아 각 사람의 필요에 따라 나누어 주었다.

"그들이 사도의 가르침을 받아 서로 교제하고 떡을 떼며 오로지 기도하기를 힘쓰니라 사람마다 두려워하는데 사도들로 말미암아 기사와 표적이 많이 나타나니 믿는 사람이 다 함께 있어 모든 물건을 서로 통용하고 또 재산과 소유를 팔아 각 사람의 필요를 따라 나눠 주며 날마다 마음을 같이하여 성전에 모이기를 힘쓰고 집에서 떡을 떼며 기쁨과 순전한 마음으로 음식을 먹고 하나님을 찬미하며 또 온 백성에게 칭송을 받으니 주께서 구원받는 사람을 날마다 더하게 하시니라"(행 2 : 42-47).

참으로 고무적인 것은 초대교회시대에는 특별히 말씀을 전하는 기능과 사회적 봉사를 담당하는 기능이 분리되어 보다 전문화, 조직화되었다는 것이다. 이미 교회는 교회의 사명을 복음 전하는 일과 사회를 섬기는 일로 전문화의 필요성을 느껴 분리하였으며, 그럼에도 불구하고 이 사회적 사명을 감당하는 집사들을 선출하는 데 있어서 말씀을 잘 전하는 자들을 선택하였다. 이는 바로 교회가 대 사회적 사명을 감당하는 데 있어서 철저히 말씀에 기준하고 말씀에 의한 진실한 사랑을 바탕으로 시행하려는 의도를 가지고 있었다고 볼 수 있는 것이다. 이처럼 초대교회는 진정한 기독교 공동체의 모습을 보여 준다. 특별히 이 시대에는 디아코니아 사상이 완전히 정립되어 후에 루터와 칼뱅, 그리고 경건주의를 거쳐 디아코니아의 사역이 지속적으로 전개되어 나가게 된다.

이렇게 우리 교단의 신학은 구약, 신약, 초대교회(사도행전)와 사도 바울의 청지기와 종의 정신, 그리고 섬김의 정신에 그 바탕을 두고 있다.

2. 교회 역사적 토대 위에 정립된 우리 교단의 디아코니아 신학

우리 교단의 디아코니아 신학은 교회의 역사적 토대, 특히 종교개혁자들의 디아코니아 사상에 그 근거를 두고 있다. 종교개혁자들, 특히 루터와 칼뱅의 자선사상은 우리 교단의 디아코니아 신학에 중요한 근거를 제공하고 있다.

종교개혁 당시 사회는 말할 수 없는 빈민의 문제로 골치를 앓고 있었고 정부는 이에 대하여 아무런 대책을 마련하지 못하는 암울한 시대였다. 이 문제에 대하여 루터와 칼뱅은 자선개혁론을 부르짖으며 이 급박한 사회문제를 교회 차원에서 해결하려 노력하였던 것이다.

먼저 루터는 다양한 사회문제 발생의 일차적인 책임이 정부에 있다고 보았기 때문에 교회는 국가보다 앞선 구제행위를 시행하기보다는 두 번째 위치에 서서 국가와 협조하여 국가의 관리를 책임지도록 하며, 모든 도시는 국가 주도하에 도시의 빈민을 위하여 구제시설을 갖추어야 한다고 주장하였다. 루터는 재원 마련에 대해서는 교회가 전적으로 협조해야 하고, 교회의 영지수입과 성도들이 기부할 수 있는 분위기를 조성해야 하며, 나아가 조직적인 구호를 위하여 모든 국민에게 세금을 부과해야 한다고 주장하였다.

이러한 정부 주도형의 사회복지가 되기 위해서 루터는 우선 정부에 지금까지 관행으로 내려오던 모든 구걸행위를 폐지하고 가난한 사람을 돌보는 사회복지 계획을 개발할 것을 청원하였다.

그러나 종교개혁자 칼뱅의 생각은 약간 달랐다. 칼뱅의 자선관을 정확하게 이해하기 위해서는 우선적으로 그의 집사관을 이해하는 것이 첩경인 듯하다. 칼뱅의 사회사업에 대한 특별한 이해, 즉 가난한 이를 돌보는 것과 사회적 약자들을 돌보는 것은 교회의 고유하고 거룩한 사업이기 때문에 이를 세속적인 가치관 및 세속적인 영역에 속한 사람들에게 맡겨 둘 수만은 없는 중요한 일로 간주하였다. 다시 말해서 교회는 교구와 독립된 기독교적 시설 수용 구제사업을 이상적으로 보았고, 구제사업이 교회 전도사업의 한 부분으로 시행되어야 한다고 주장한 것이다. 그는 교회를 거룩한 공회로 간주하고 거룩한 공회에서 실시하는 사업 역시 거룩한 사업으로 이해했기 때문에 이러한 사업을 감당하는 사람 역시 거룩한 사람들이어야 함을 강조하였다.

결국 루터는 독일 경건주의에 결정적인 영향을 미쳤고 칼뱅은 칼뱅대로 영국의 찰머즈 목사의 근린운동에 결정적인 영향을 미침으로써 영국의 사회복지와 독일의 디아코니아운동의 핵심적 역할을 감당하게 된다.

우리 교단의 디아코니아 신학은 종교개혁자 루터와 칼뱅의 교회 사회봉사 정신에 그 바탕을 두고, 교회의 역사적 배경을 그 근간으로 삼고 있다.

3. 경건주의적 바탕 위에 세워진 우리 교단의 디아코니아 신학

1,600년대 유럽, 특히 영국은 근본적 사회문제인 빈곤의 문제를 해결하기 위하여 국가주도적 빈민퇴치를 위한 노력, 즉 빈민법을 발표하였다. 그러나 이러한 노력은 열등처우의 법칙(빈민을 억압함으로써 빈곤문제를 해결하는 원칙) 아래에서 시행됨으로 말미암아 발생된 정주법, 나치블법, 길버트법 등을 시행하고 있었다. 기독교는 이러한 국가 주도의 차별적이고 억압적인 차원이 아니라 지속적으로 국가가 이루지 못하는 진정한 의미에서의 인도적인 차원과 박애적인 차원에서의 사회사업을 감행했던 것이고, 또 이러한 운동은 일반 사회복지의 발달에 정신적인 면이나 철학적인 차원, 그리고 전문적인 차원에서 계속하여 지대한 영향력을 행사하고 있었던 것이다.

또한 독일은 독일 나름대로 교회가 이 문제를 해결하기 위하여 노력하였다. 무엇보다도 경건주의자들은 루터의 종교개혁에 깊이 영향을 받았던 사람들이 영적인 측면에서 그리고 인도주의적 측면에서 빈민운동을 주도해 나갔다. 그들은 루터의 종교개혁 정신뿐만 아니라 무엇보다도 루터의 자선개혁을 더욱 발전시켜 보다 효과적으로 계승 발전한 사람들이라고 볼 수 있다. 물론 경건주의운동이 루터로부터 지대한 영향을 받은 것이 사실이지만 또 한편으로는 영국 청교도의 청지기의식에 대단한 영향을 받은 것으로 보인다.

이러한 상황 가운데 황폐해진 세대를 회복하기 위하여 기독교적 정신으로 사회개혁과 부흥을 동시에 부르짖으며 나타난 운동이 슈페너(Philipp Jakob Spener, 1635-1705)에 의해 제창된 경건주의(Pietismus)운동이다. 또한 전후 세대의 고통과 아픔을 경건주의, 즉 신앙의 바탕에서 정리하고 회복하려고 애썼던 슈페너의 경건주의운동은 그의 제자 프랑케(August Hermann Francke, 1663-1727)에 의하여 전승되고, 결국은 비헤른 목사에 의하여 강력한 디아코니아운동을 전개하게 된다. 비헤른 목사는 국내 선교사운동(Inner-Missio)을 주창하게 되는데, 루터가 종교개혁을 외쳤던 비텐베르크 교회에서 500명의 목사들을 중심으로 교회가 빈곤 문제를 해결하는 근원이 되어야 한다고 부르짖었고, 실제로 이 500명의 목사들과 교회를 중심으로 강력한 디아코니아운동이 일어나 독일교회와 사회를 완전히 변화시키는 놀라운 업적을 일으키게 된다.

우리 교단의 디아코니아 신학은 바로 독일의 경건주의운동과 그 여파로 인한 디아코니아운동을 근간으로 삼고 있으며, 신학적 바탕을 그 위에 둔다고 하겠다.

4. 그리스도인의 실천적 바탕 위에 건립된 우리 교단의 디아코니아 신학

국가주도형으로 빈곤의 문제를 해결하기 위하여 개정된 유럽의 구빈법과 개정구빈법의 폐해는 실로 심각했다. 인도적 차원이 아니라 억압을 통한 빈자 감소가 그 목적이었기 때문에 기독교는 이러한 국가주도적이고 비인도적인 접근에 결코 동의하지 않았다. 오히려 교회 차원에서 강력한 대책을 마련하기 시작하였다. 그 대표적인 사람이 영국의 찰머즈(Thomas Chalmers, 1780-1847) 목사와 근린운동(Neighbourhood Movement)이었다.

심각한 문제는 앞에서 언급한 바와 같이 구빈법이 궁민억제책의 한 방편으로서 약자 보호라는 인도주의적인 차원에서의 발상이 아니라 억압책으로서 오히려 궁민들의 자중심을 고갈하게 하여 의뢰심만 조장하게 한다는 데 기인한 것이었다. 이것은 사람들의 인격 내지 존엄성을 배제시킨 그야말로 정치적 발상에 불과한 것으로서 인간의 자립정신과 정신적 개선을 고려하지 않은 것이 그 근본적인 문제로 지적되었다. 교회는 바로 이 문제를 직시하게 되었고 물질적이며 사회적인 차원에서의 구호가 아니라 전문적인 구호와 동시에 인간의 정신적 개화에 초점을 맞추어 사회사업을 추진하려 한 사람이 있었는데, 그가 곧 찰머즈 목사였다.

그는 제일 먼저 빈곤의 원인은 개인에게 있기 때문에 개인의 성격을 변화시키지 않는다면 문제의 해결은 없다고 생각하고, 그 방법으로 교회가 교구민들의 가정을 방문하여 그들의 인격에 변화를 주도록 하였다. 그래서 그는 먼저 관헌의 허가를 얻어 이 교구에서는 구빈법을 실시하지 않기로 하고 오직 주민의 자치심과 독지가의 손만으로 문제를 해결할 것을 기획하였다. 그는 교구민의 생활 상태를 정신적, 물질적 양면에서 철저히 조사 분석하는 것을 잊지 않았다. 그리고 그 결과를 종합하여 교구를 수많은 소교구로 구분, 각 구에 독지가를 선임하여 항상 주민과 접촉하는 생활을 하게 함으로 개인적인 친교를 맺어 생활 상태를 조사하고 그 상황에 따라 적절하게 대처해 나가기 시작하였다. 그리고 각 교구에 정주하는 장로 및 집사를 선임하고 장로는 정신적 교화를, 그리고 집사는 물질적 보호 및 환경 개선 등에 노력하도록 분담하였다. 그는 그의 동역자들에게 철저히 과학적인 접근을 할 것을 요구하였다.

교회의 개입은 찰머즈 목사와 근린운동뿐만 아니었다. 특히 농경지가 목장화됨으로 인하여 수많은 실업자가 발생하고, 빈곤으로 더 이상 어떻게 할 수 없는 상황에 이르자 이 긴급한 실업문제와 빈곤의 문제를 교회가 해결하자는 운동이 요원의 불길과 같이 일어나게 된다. 즉, 기독교의 개입 없이는 영국 사회가 어찌할 수 없는 상황에 놓이게 된 것이다. 당시 영국에는 빈민구제를 위한 모든 형태의 방법과 기관이 동시 다발적으로 활동하고 있었다. 특히 이러한 자선단체들은 대부분이 기독교였다. 그러나 이러한 자선단체의 난립으로 인한 가장 큰 문제는 경쟁적인 사역으로 인한 사역의 중복 문제였다. 수를 셀 수 없을 정도의 개별적 자선기관과 박애기관들이 지나치게 개별적으로 자선행위를 하고 있어 하는 일들이 중복되거나 또는 이로 인해서 소외되는 사람들이 발생하는 비효과적인 수행을 계속하고 있었다. 이들은 빈곤의 원인인 사회적 조건이나 구호의 개별화에 관심을 두지 않았다. 도움을 필요로 하는 사람들 개개인의 사정에 대한 조사도, 시설 간의 상호 정보 교환도 없었기 때문에 서비스의 중복이나 낭비가 심할 수밖에 없었다. 그리하여 교회가 자선의 문제를 효과적으로 해결하기 위하여 자선조직협회를 결성하게 된다.

자선조직협회의 원리는 찰머즈 목사의 인격 회복이었고, 로크(C. S. Loch) 목사, 그린(R. Green) 목사, 보산케트(C. Bosanquet), 데니슨(E. Dennison) 목사, 힐(O. Hill), 그리고 바네트(S. Barnett) 목사 등을 중심으로 활발하게 전개되기 시작하였다.

영국교회가 주도한 자선조직협회가 추구했던 목적은 첫째, 중복 구호를 방지하기 위하여 여러 가지 자선활동을 조정하고, 둘째, 환경조사를 실시하고 적절한 원조를 제공하며 이를 통해 자력으로 빈곤을 탈피하게 하는 것이었다.

그러나 교회의 노력은 이것으로 끝나지 않았다. 교회의 비전문적 자선을 극복하기 위하여 자선조직협회가 결성되었다면, 이 자선조직협회가 자선의 범주를 넘지 못하고 사회 개혁적 방향으로 나아가야 한다고 생각한 사람들을 중심으로 결성된 운동이 인보관운동이다. 이 운동은 영국 사회에서 그리스도인들을 중심한 상류계급과 하류계급을 연결하는 다리로서의 운동이라고 할 수 있다. 왜냐하면 거대한 산업사회의 도래로 인하여 영국 사회는 상류계급과 하류계급의 연결이 철저히 상실되어 있었기 때문이다. 이런 관점에서 인보관운동은 시대상 서로 상존할 수 없는 양 계층 간의 연결고리로서 당면한 사회문제에 반향하여 구성된, 그리고 자선조직운동의 후속조처로 나타난 새로운 형태의 진보적인 기독교 사회운동으로 이해할 수 있다.

인보관운동의 중심적 역할을 감당한 바네트 목사는 단순한 사회 개혁이나 지역 개발의 차원에 머물렀던 것이 아니었다. 찰머즈 목사의 근린운동이 사회정책으로 이어졌듯이, 그리고 자선조직협회의 조사활동이 사회정책에 궁극적인 영향을 미쳤듯이 그의 인보관사업은 정책 수립의 과정까지 이어지게 되었다는 것이 그 특색이라고 하겠다. 인보관운동은 사회조사사업, 사회사업가의 훈련사업, 교육사업, 기관 연결 사업, 지역 연결 사업, 전문복지관 사업, 종합예술사역, 입법사업 등 전문 사회복지적 접근을 이미 시도하고 있었다.

우리 교단의 디아코니아 신학은 바로 유럽의 암울함의 극치에서도 교회가 사회를 개혁하고 사회의 문제에 눈 감지 아니하고 어떻게 해서든 그

문제를 해결하려는 그리스도인들의 실천적 바탕에 그 근거를 두고 있는 것이다.

5. 전문적 사회복지의 이론과 실천적 바탕 위에 세워진 우리 교단의 디아코니아 신학

오늘날의 사회복지를 태동한 미국의 자선조직협회는 미국교회를 중심으로 실시되었다. 여러모로 영국의 교회가 주도했던 자선조직협회의 방법론을 전수받게 된다. 그러나 특징적인 것은 미국의 자선조직협회는 이를 보다 학문화, 전문화 및 체계화함으로써 전문 사회사업으로 발전시키게 된다는 것이다.

1874년 에임스(Charles G. Ames) 목사는 런던자선조직협회를 모방하여 협회를 조직함과 동시에 영국의 자선조직협회가 그러하듯 구제신청자를 조사하기 위하여 가정방문원을 위촉하였다. 또한 스프 급여소, 연료조합, 교회 및 특히 시립의 원외구제시설을 이용하여 빈곤 정도에 따라서 시의 구제자금, 즉 지역사회의 기금으로 구제를 실시할 뿐만 아니라 자선단체의 상호 연결을 위한 기관의 설치를 제의하기에 이른다. 이로써 조직적으로 지역사회 문제에 대처하겠다는 의지를 분명히 했다.

물론 미국교회의 인보관운동 역시 지역사회 개발, 계획, 조직화와 변화의 뿌리라고 볼 수 있지만 동시에 자선조직협회 역시 지역사회 복지서비스의 연계, 지역사회 계획과 조직 간 관계의 원천으로 보고 있다. 특히 미국의 자선조직협회는 가정방문, 자원개발, 후원, 사회조사의 기술 발전 등을 통하여 사회복지 실천 기술론 및 지역사회 사업을 발전시키는 중요한

계기를 마련하게 된다.

이렇게 발전된 지역사회운동은 그후 1893년경 미국교회가 주도하여 자선조직협회가 55개의 이름으로 리치몬드(Mary E. Richmond) 여사에 의해 지역사회 내에 있는 기존 서비스를 평가하고 조정하는 단계로 나아가게 되면서 전문적인 사회봉사자로 발전하는 지역사회 사업의 이론적 기초를 세우는 계기를 마련하였다. 여하튼 자선조직협회에서 오랜 경험을 획득한 리치몬드로 인하여 다양한 사회사업의 기법들이 정립되는 쾌거를 이룰 수 있었던 것이다. 바로 리치몬드 여사와 미국교회의 자선조직협회, 그리고 인보관운동의 활동 등을 중심으로 소위 현대적 개념의 사회복지를 태동하게 된다. 이렇게 오늘날의 사회복지는 철저히 기독교의 디아코니아의 사상을 그 근간으로 하고 있고, 또 기독교의 실천적, 이론적, 그리고 철학적 바탕을 그 핵심적 가치로 삼고 있는 것이다.

우리 교단의 디아코니아 신학은 바로 이 전문적, 현대적 사회복지의 개념을 그 바탕으로 하고 있고 또 현대 사회복지의 전문적 실천을 위하여 노력하고 있다.

안타까운 것은 오늘날 너무나 많은 사람들이 사회복지의 뿌리를 전혀 알지 못하고 기독교는 사회복지와 아무런 상관이 없다고 주장하고 있다는 것이다. 그들은 성경을 단 한 번도 읽어 보지 않고서, 그리고 사회복지의 역사를 진정으로 연구해 보지 않고서 기독교와 사회복지의 관련성을 부인하고 있는 것이다. 역사적 사실을 통해서 볼 때 그러한 주장은 그야말로 사회복지의 역사를 알지 못하는 무지에서 비롯된 것임을 인식할 수 있다.

분명히 말해서 현대 사회복지의 전문적 출발점은 성경이요, 현대 사회복지의 체계적인 방법론 역시 그 근간이 성경이라는 면에 대하여 부정할 수 없다.

영국교회가 주도하였던 자선조직협회와 인보관운동은 미국 자선조직협회와 인보관운동에 결정적 역할을 감당하였다. 특히 미국 자선조직협회에서 오랜 경험을 획득한 리치몬드로 인하여 전문화된 사회사업의 영역은 실로 다양하다. 가족복지, 사회조사, 자원봉사, 청소년복지, 케이스워크, 그룹워크 등 사회복지의 모든 분야에 대한 체계적인 연구를 실시함으로써 근대 사회복지의 학문적 토대를 구축하였다. 기독교는 처음부터 이러한 전문성을 바탕으로 사회사업을 수행해 왔고 또한 이것이 오늘의 사회복지를 낳게 하였다는 것은 명백한 사실이다.

현대의 사회복지는 이렇게 긴 역사를 통하여 자라 오고, 교회를 통하여 전문화되어 옴으로써 근대 전문 사회복지로 자리하게 되었다. 문제는 당연히 이 사실을 인지하고 있어야 할 우리가 무지하여 변호할 수 없었던 것이다. 우리가 우리의 것을 알지 못한다면 이는 참으로 진정한 문제가 아닐 수 없다.

우리 교단의 디아코니아 신학은 단순한 어떤 이론적 바탕 위에 세워진 것이 아니라 먼저는 성경적 바탕 위에, 교회의 역사적 바탕 위에, 그리스도인들의 실천적 바탕 위에, 그리고 경건주의적 바탕 위에, 뿐만 아니라 전문적 사회복지적 바탕 위에서 설립된 것으로서 예수 그리스도의 통전적 선교관과 더불어 사회를 거룩하게 하고, 더불어 살아가는 거룩한 사회를 통하여 진정한 그리스도의 나라를 이루려 함을 그 목적으로 하고 있다.

/ 토론주제

1. 예수님의 통전적인 사역은 말씀의 선포(케리그마), 가르침(디다케), 섬김과 치유(디아코니아 : 교회의 사회봉사)이며, 교회의 사명 역시 이 세 가지로 함축할 수 있습니다. 말씀의 선포와 가르침에 대하여 우리는 그동안 많은 관심을 가지고 있었으나 교회의 사회봉사에 대해서는 이것이 교회의 사명이라는 것조차 인식하지 못하였습니다. 이 글을 읽고 전에 디아코니아(교회의 사회봉사)에 대해서 어떻게 생각하였으며, 이 글을 읽은 후에는 어떤 변화가 있었는지 나누어 봅시다.
2. 우리 교단의 디아코니아 신학은 성경적 토대 위에, 교회의 역사적 토대 위에, 경건주의적 바탕 위에, 그리스도인의 실천적 바탕 위에, 그리고 전문적 사회복지의 이론과 실천적 바탕 위에 세워졌다는 것에 대하여 어떤 생각이 들었으며, 이 가운데 가장 크게 공감한 것은 무엇입니까?
3. 귀하의 교회는 우리 교단의 디아코니아 신학을 중심으로 어떻게 구체적으로 지역사회를 위하여 봉사할 수 있으며 또 어떻게 교단의 디아코니아 신학을 목회에 구체적으로 접목할 수 있다고 생각하십니까?

/ 참고문헌

1. Alan Keithlucas. *The Church and Social Welfare*. Philadelphia : The Westminster Press, 1974.
2. Helen Bosanquet. *Social work in London, 1869-1912*. The Harvester Press Limitted, 1914.

3. Kathleen M. Woodroofe. *From Charity to Social Work : In England and the United States*. London : Routledge & Kegan Paul, 1962.
4. Lewis, Spitz. *The Renaissance and Reformation Movements*. Chicago : Rand Mcnally & Company, 1971.
5. Rodger C. Bassham. *Mission Theology*. Pasadana, CA : William Carey Library, 1979.
6. S. and B. Webb. *English Poor Law History*. London : Frank Cass, 1963.
7. Sturt Alfred Queen. *Social Work in the Light of History*. Philadelphia and London, J. B. Lippincott Company, 1972.
8. 박영호.『기독교 사회복지』. 서울 : 기독교문서선교회, 2001.
9. 손규태.『마르틴 루터의 신학사상과 윤리』. 서울 : 대한기독교서회, 2004.
10. 이삼열.『사회봉사의 신학과 실천』. 서울 : 한울, 1992.
11. 최무열.『한국교회와 사회복지』. 서울 : 나눔의집, 2004.
12. 한국교회사회사업학회.『교회사회사업편람』. 서울 : 인간과복지, 2003.

우리 교단의 선교 이해 : 복음적인 에큐메니칼 선교

김윤태 목사(신성교회)

지난 100년간 세계 기독교는 복음주의(evangelical)와 에큐메니칼(ecumenical)로 양분되어 분열, 혹은 발전되어 왔다. 한국교회도 예외는 아니었다. 해방 이후 한국교회는 교회 재건 과정 가운데 일제 강점기 신사참배 문제로 1차 분열이 일어났고, 한국전쟁 이후 신학적 견해차에 따라 2차 분열이 일어났다. 특히 세계교회협의회(WCC) 출범 이후 한국교회 내에 일어난 에큐메니칼 찬반 논쟁은 지금도 계속되고 있다. 21세기에 들어 세계 기독교는 케케묵은 에큐메니칼 찬반 논쟁에 종지부를 찍고 일치와 연합을 향해 달려가고 있는데, 한국교회만 여전히 20세기 미소 냉전시대에 머물러 있는 것 같아 참으로 안타깝다.

현재 전 세계 기독교는 양극단으로 치닫던 복음주의-에큐메니칼 대립을 끝내고 통전적 선교로 급속히 수렴하고 있다. 대한예수교장로회 통합(이하 예장통합) 교단은 일찍부터 복음적이며 동시에 에큐메니칼한 신학 전통을 지향하며 진보와 보수를 아우르는 통전적 신학체계를 이루어 왔다. 진보와 보수, 복음주의와 에큐메니칼의 대립과 갈등을 끝내고 21세기 한국 교회의 연합과 일치를 주도하기 위한 시대적 사명이 어쩌면 우리 예장통합 교단에 있는 것은 아닐까? 이런 시대적, 교회사적 사명을 이해하기 위해 에큐메니칼 신학이 무엇인지, 복음주의와 에큐메니칼 신학은 각각 어떻게 발전되어 왔는지, 그리고 예장통합 교단의 복음적인 에큐메니칼 신학 전통은 어떻게 형성되어 왔는지 살펴보자.

1. 에큐메니칼에 대한 이해

에큐메니칼은 헬라어 오이쿠메네(οικουμενε)에서 유래한 용어로, '사람들이 살고 있는 온 세상'(the inhabited earth)이라는 일반적인 뜻과 함께 '전 세상에 걸친 보편적인 교회'(the Catholic Church)라는 기독교적인 뜻, 두 가지가 있다.[1] 로마인들은 로마제국 영토를 에큐메니칼, 즉 '사람들이 살고 있는 세상'(οικουμενε)으로 생각했다. 그들 건너편에는 야만인들이 살고 있었기 때문에 그곳은 '사람들이 살고 있는 세상', 즉 에큐메니칼이 아니었다. 그러다 로마제국이 기독교화되면서 자연스럽게 오이쿠메네는 사람들이 살고 있는 전 세상에 걸친 보편적인 교회라는 의미로 받아들여졌다. 그러다 1910년 에든버러 선교사대회 이후 에큐메니칼은 다양성 속에서 일치를 추구하는 모든 그리스도 교회를 대표하는 의미로 사용되었는데, 결

---

1) Willem Visser't Hooft, ed. Ruth Rouse and Stephen C Neill, "Appendix 1," *A History of the Ecumenical Movement Volume I, 1517-1948* (Geneva : WCC, 1965), 740.

국 오늘날 에큐메니칼운동은 초교파적 연합과 일치를 위한 운동으로 이해되고 있다.

크게 보았을 때 근대 에큐메니칼운동의 방향은 일치(unity)와 연대(union), 두 가지다.[2] 첫째, 일치는 기독교 교파 교회들과의 연합을 다루는 운동이다(Ecclesia ad intra : 내부를 향한 교회). 이 운동은 주로 조직신학적, 교회론적 차원에서 논의되는데, 기독교 교파들 내에서 서로 상이점은 무엇이고 공통점은 무엇인지 연구함으로써 어떻게 분열된 교단이 서로 연합될 수 있을지를 모색한다. 그러나 일치를 위한 에큐메니칼운동은 어떤 교단까지 참 교회로 인정할 것인지에 대한 문제가 종종 야기된다. 둘째, 연대(union)는 타 종교와의 대화, 세상과의 관계, 혹은 비기독교 단체와의 협력을 추구하는 운동이다(Ecclesia ad extra : 외부를 향한 교회). 이 문제는 주로 선교신학, 혹은 친교적 차원에서 논의되는데, 공공선(公共善)을 위해 협력하거나 하나님의 선교를 수행하기 위해 상호 소통하고 대화하는 것을 의미한다.

근대 에큐메니칼 운동을 이해하는 데 있어서 중요한 것은 일치와 연대를 혼동하지 않는 것이다. 일치는 기독교 교파들과의 연합에 관한 문제를 다루며, 연대는 비기독교 단체들과의 협력에 관한 문제를 다룬다. 한국교회는 일찍부터 장로교 감리교 연합 협의회(1918)나 조선 예수교 연합 공의회(1924)를 구성하면서 기독교 교파들과의 연합과 일치를 추구하기도 했고, 타 종교인들과 연대하여 일제강점기 3·1운동을 주도하기도 했다. 교회는 이 세상에 있으면서 동시에 하나님 나라에 속한 공동체다. 성도는 세상 나라의 시민이자 동시에 천국 시민이다. 교회는 하나님 나라를 이루

---

2) Hans Küng, *Theologie in Aufbruch : Eine Okumenishce Grundlegung* (Munich : Kaiser Verlag, 1987), 246.

기 위해 안으로는 신자들과의 일치를 추구해야 하며, 밖으로는 세상에 하나님 나라를 확장하기 위해 비신자들과의 연대를 추구할 수 있어야 한다. 타 교파와의 일치 추구를 종교통합으로 확대해석하면 안 되고, 타 종교인, 혹은 비기독교인과 연대하는 것을 종교다원주의로 오해해서도 안 된다.

2. 복음주의와 에큐메니칼운동의 역사

그렇다면 연합과 일치를 위한 교회의 에큐메니칼운동은 지난 2천 년간 어떻게 진행되어 왔을까? 주후 70년대까지 율법이나 인종, 혹은 교회 내 구제 형평성 때문에 크고 작은 갈등이 일어나기도 했는데, 이를 중재한 것은 예루살렘 회의였다(행 15장). 이후 신학적 견해차 때문에 갈등과 분열이 일어나기도 했는데, 그때마다 교회는 에큐메니칼 회의들을 통해 이단을 박멸하고 통일된 신학체계를 수립하여 교회의 통일을 이루어 나갔다. 그러나 지역, 문화, 사상의 차이를 극복하지 못하고 점점 그리스어를 쓰는 교부신학과 라틴어를 쓰는 교부신학 사이에 틈새가 생기기 시작했다. 이후 로마제국은 동로마와 서로마로 나뉘었고, 교회도 결국 1054년 동방교회(정교회)와 서방교회(로마가톨릭)로 분열되었다. 서방교회는 종교개혁 이후 구교와 신교로 분열되었는데, 신교는 다시 루터파, 칼뱅파, 츠빙글리파, 재세례파, 영국 개혁파로 분열되었다. 물론 1529년 마르부르크 회의에서 종교개혁자들의 일치 시도가 있었지만 실패로 끝났고, 1545년 트렌트 회의 때는 신교와 구교의 일치 시도가 있었지만 이것도 실패로 끝났다.

1618년부터 1648년까지 30년 전쟁 이후 신교와 구교는 완전히 결별했으며, 연합과 일치를 위한 에큐메니칼운동은 19세기에 들어서야 재개

되었다. 유럽 개신교 에큐메니칼운동의 효시는 복음주의연맹(Evangelical Alliance)이었다. 이후 성공회협의회, 세계침례교연맹, 세계장로교연맹과 같은 개신 교단 연맹들이 차례로 출범하며 기독교 교파 내 일치와 연합운동이 시작되었고, YMCA나 YWCA, WSCF와 같은 초교파 연합단체들이 출현하며 연대운동 역시 시작되었다. 특별히 19세기 에큐메니칼운동은 선교와 친교를 통한 일치운동이 주를 이루었는데, 1820년대부터 이미 선교지에서는 여러 교파 선교사 간에 다양한 형태의 친교 모임이 일어나기 시작했다. 1850년대에 접어들면서 선교지에서 지역별 선교사대회가 열리기 시작했는데, 1870년대 말 이후에는 선교사를 파송한 본국인 영국과 미국에서도 대규모의 선교사대회가 개최되기 시작했다. 그중에서도 1910년 6월 14일부터 23일까지 영국 스코틀랜드 에든버러 대학교에서 열린 에든버러 세계선교사대회는 19세기 기독교 연합운동의 총결산이요, 20세기 근대 에큐메니칼운동의 시발점이었다고 할 수 있다.

에든버러 세계선교사대회 이후 20세기 근대 에큐메니칼운동은 선교를 통한 일치, 봉사를 통한 일치, 교리를 통한 일치라는 세 갈래로 나뉘게 되었는데, 1921년에는 국제선교협의회(IMC)가, 1925년에는 생활과 실천(Life and Work)이, 1927년에는 신앙과 직제(Faith and Order)가 각각 조직되었다. 1948년에는 '신앙과 직제'와 '생활과 실천'이 통합되면서 세계교회협의회(WCC)가 탄생했는데, 1961년에는 국제선교협의회(IMC)가 WCC에 흡수 통합되면서 명실상부한 20세기 최대의 에큐메니칼 단체가 조직되었다. 그러나 WCC의 하나님의 선교신학에 반발한 근본주의자와 복음주의자들이 대거 이탈하게 되는데, 근본주의자들은 1948년 암스테르담에서 29개국의 대표들이 참석한 가운데 국제기독교협의회(ICCC)를 창설하였다. 당시 ICCC는 반공주의와 근본주의 신학에 기초한 전투적이고 매우 폐쇄적인 연합운동 단체였다. 이런 근본주의자들과 달리 보다 폭넓은 신학적 성향을 가진 신복음주의자들도 따로 연합단체를 만들기 시작했는데, 1942년 미국 복음주의협회(NAE), 1951년 세계복음주의협의회(WEF), 1974년 국제로잔대회(LCWE)가 각각 조직되었다. 그러다 2001년에는 세계복음주의협의회(WEF)가 복음주의 성향의 모든 교단이나 단체들을 아우르며 세계복음주의연맹(WEA)으로 재출범하면서, 세계 기독교계는 WCC로 대표되는 에큐메니칼 진영과 WEA로 대표되는 복음주의 진영으로 재편되었다.

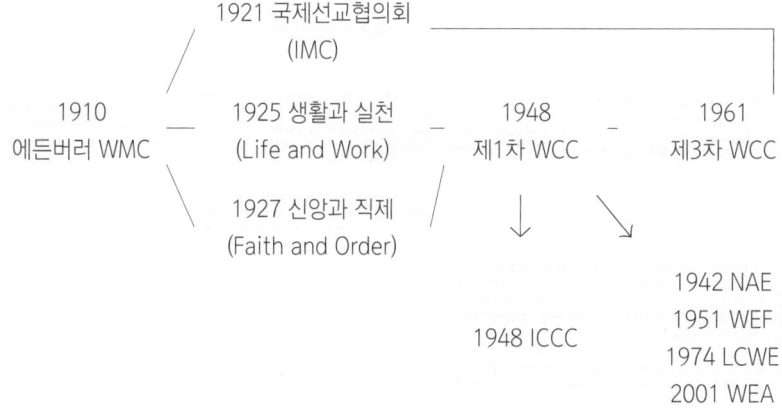

근대 에큐메니칼운동의 흐름

복음주의자들과 에큐메니칼주의자들의 가장 큰 차이점은 선교에 대한 관점이다. 사실 지난 20세기 선교신학에 있어서 가장 큰 논란은 선교가 무엇이냐, 어디까지가 선교이냐는 것이었다. 복음주의자들은 선교를 교회가 주도하는 '복음의 구두적 전파'(evangelism)라는 고전적 선교 개념을 고수하고 있었다. 한마디로 선교는 영혼 구원, 전도를 의미한다고 이해했던 것이다. 이와 달리 에큐메니칼주의자들은 폭넓은 선교 개념을 가지고 있었는데, 복음의 구두적 전파뿐 아니라 교회 밖에서 일어나는 모든 하나님의 행위를 선교로 보았다. 에큐메니칼주의자들에 따르면 선교의 주체는 교회가 아니라 하나님이며, 선교의 범위는 정치, 사회, 경제, 문화, 전반에 이르는 영육구원 모두를 포함하는 것이었다. 여기서 핵심은 선교의 주체다. 복음주의자들은 교회를 선교의 주체로 보았고, 에큐메니칼주의자들은 하나님이 선교의 주체요, 교회는 도구라고 보았다. 그래서 복음주의자들의 선교는 교회의 선교(missiones ecclesiae)라고 부르고, 에큐메니칼주의자들의 선교는 하나님의 선교(missio Dei)라고 부른다. 선교의 주체가 교회가 아니라 하나님이라고 보기 시작하면 지금까지 해 왔던 교회의 여러 선교 방식들, 예를 들어 노방전도나 교회 개척, 혹은 제자훈련과 같은 모든 활동 외에도 또 다른 사명들이 있을 수 있음을 의미한다. 하나님 입장에서 보았을 때 우리 사회 내의 인권문제나 환경문제, 기아, 불평등, 혹은 민주화운동과 같은 문제들도 누군가 해결해야 할 선교의 과업이 되는 것이다. 선교의 주체가 교회가 아니라 하나님이 되기 시작하면 교회는 항상 하나님이 이 세상에서 무엇을 하기 원하시는지 묻게 된다. 그것이 때로는 교회 성장이 될 수도 있고, 때로는 민주화운동일 수도 있는 것이다. 하나님의 선교신학에 기여했던 칼 할텐스타인(Karl Hartenstein)은 선교가 단지 회심자를 많이 만들거나 교회를 많이 개척하거나 혹은 낙후된 문명을 발전시키는 것이 아니라고 주장하면서, 교회나 선교단체의 1차 사명을 교회의 작은 선교들(missions)보다 크고 거룩한 하나님의 선교(mission)에 참여하는 것으로 보았다.[3]

---

3) Karl Hartenstein, "Wozu nötigt die Finanzlage der Mission," *Evangelisches Missions-Magazin*, vol 79 (1934) : 217-229.

	복음주의(evangelical)	에큐메니칼(ecumenical)
선교에 대한 이해	선교=전도	선교=전도+α
선교의 주체	교회(교회의 선교)	하나님(하나님의 선교)
선교 표기	missions	mission
구원에 대한 관심	영혼 구원	육체 구원
선교의 목적	교회 설립과 교회 성장	하나님 나라 확장

복음주의자들과 에큐메니칼주의자들의 선교에 대한 관점 차이

에큐메니칼주의자들의 하나님의 선교(Missio Dei)의 발견은 엄청났다. 1954년 에반스톤 WCC 이후 하나님의 선교신학은 세계 모든 개신교에 영향을 미쳤으며, 심지어 그리스 정교회와 로마가톨릭조차도 하나님의 선교신학에 영향을 받게 되었다. 그러나 이후 하나님의 선교신학은 좀 더 극단으로 치닫기 시작했다. 일부 하나님의 선교 신학자들은 하나님의 선교에 있어서 교회가 불필요하다고까지 보기 시작했다. 모든 봉사활동이 선교로 간주되기 시작했고, 구원의 의미도 샬롬이나 인간화, 혹은 해방과 같은 세속적인 의미로 해석되기도 했다. 이런 급진적인 신학적 좌경화에 복음주의자들이 반발하기 시작했다. 1961년 뉴델리 WCC 총회에서 IMC가 세계선교와 복음화 위원회(CWME)라는 하위 분과로 흡수 통합되면서 결국 복음주의자들은 강한 거부감과 함께 대거 이탈, 산발적으로 활동하던 복음주의자들이 세계선교대회를 중심으로 뭉치게 되었다. 1966년 휘튼 세계선교대회나 베를린 복음주의 세계대회에서 복음주의자들은 하나님의 선교신학을 정면 비판하면서 에큐메니칼주의자들이 선교와 전도를 사회행동으로 대치하였다고 비난하였다. 그리고 1970년 프랑크푸르트 선언을 통해 선교의 목적은 세례를 주고 교회를 세우는 것이라는 고전적인 선교 개념을 주장하면

서 전도 우위의 복음주의 선교신학을 재천명하게 된다.

3. 복음주의와 에큐메니칼의 화해

극단적인 대립을 보인 에큐메니칼 진영과 복음주의 진영은 1974년 복음주의자들의 로잔대회를 기점으로 새로운 전기를 마련하게 된다. 복음주의 진영의 거두인 존 스토트(John Stott) 목사가 1968년 웁살라 WCC 총회에 자문위원으로 참여하면서, 그동안 복음주의자들이 그리스도인의 사회적 책임에 얼마나 무관심했는지 깨닫고, 선교를 복음 전파와 그리스도인의 사회적 책임이라고 보기 시작했다.[4] 이후 1974년 로잔대회에서 존 스토트 목사의 주도로 '로잔언약'을 발표하게 되는데, 이 선언문은 복음전도의 우선권을 인정하는 동시에 복음전도와 사회 참여의 불가분적 연합과 동반자성을 강조함으로 복음주의 신학이 사회 참여에 적극적인 관심을 가지게 하는 획기적인 전환점을 만들었다. 당시 복음주의자들에게 있어서 이러한 선교인식은 쉽게 받아들이기 힘든 개념이었고, 참석한 사람들 중 70%밖에 동의하지 않았다고 한다. 그러나 1980년 제1차 LCWE 파타야 세계복음화대회에서 존 스토트의 입장을 지지하기 시작하더니 1982년 LCWE, WEF 공동 주관 Grand Rapids 신학위원회에서 "복음화와 사회적 책임에 대한 복음주의적 확약"이라는 선언문을 채택하면서, 전도와 그리스도인의 사회적 책임은 동전의 양면과 같은 불가분의 관계라는 존 스토트 목사의 입장

---

4) John R. W. Stott, *Christian Mission in the Modern World* (Downers Grove : Inter Varsity Press, 1975), 23.

을 재천명하게 된다.[5] 그리고 결국 1989년 제2차 마닐라 로잔회의 때 "마닐라 선언문"(The Manila Manifesto)을 발표하면서 기존의 전도 우위의 복음주의 입장에서 전도와 사회적 책임을 함께 강조하는 통전적인 선교 입장으로 선회하게 되었다.

한편 이 기간 에큐메니칼주의자들도 깊은 신학적 반성을 하기 시작했는데, 1982년 WCC에서 "선교와 전도에 관한 에큐메니칼 확언"(Ecumenical Affirmation : Mission and Evangelism)을 발표하며 전도와 사회적 책임을 동시에 강조하는 통전적 선교신학으로 회기하기 시작했다. 이 문건은 복음주의자들의 선교 관점을 반영하면서 동시에 에큐메니칼적 하나님의 선교 의미를 담아낸 에큐메니칼 교회와 복음주의 교회 모두로부터 찬사를 받은 통전적 선교 문건이었다. 이 문건은 이후 1987년 "슈투트가르트 선교 선언"(Stuttgart Consultation on Evangelism)의 기초가 되었는데, 이 문건은 갈등관계에 있던 복음주의 진영과 에큐메니칼 진영이 공동으로 작성한 최초의 문건이 되었다. 이 문건은 1982년 WCC의 에큐메니칼 선교 문건을 토대로 통전적 선교를 강조하였는데, 교회의 복음전도 사역은 말씀 선포와 사회적 봉사를 통하여 통합적으로 이루어져야 함을 강조했다.

이후 복음주의자들은 2010년 제3차 로잔 복음주의 세계대회에서 '케이프타운 조약'을, 에큐메니칼주의자들은 2013년 WCC 제10차 부산총회에서 "새로운 선교와 전도 문서"(A New WCC Affirmation on Mission and Evangelism)를 발표하면서 지난 반세기 동안 양극단으로 치닫던 복음주의와 에큐메니칼의 분열과 대립을 끝내고 통전적 선교신학으로 모두 수렴하

---

[5] Grand Rapids Report, "Evangelism and Social Responsibility : An Evangelical Commitment," in *Lausanne Occasional Papers* No. 21 (A Joint Publication of the LCWE & the WEF, 1982), 19–25.

게 되었다. 애초에 복음주의와 에큐메니칼 양 진영은 1910년 에든버러 세계선교사대회라는 같은 뿌리를 가지고 있었다. 선교에 대한 이견과 관점의 차이를 보인 지 100년 만에 출발점에서 다시 만나게 된 것이다.

4. 우리의 선교신학 : 복음적인 에큐메니칼 선교

그렇다면 이런 서구라파의 선교담론이 한국에는 과연 어떻게 소개되고 발전되어 왔을까? 불행하게도 하나님의 선교신학이 형성될 당시 한국 신학계는 서구 에큐메니칼 신학의 흐름이나 WCC의 형성 과정에 대해 제대로 이해할 만큼 성숙되지 못했던 것이 사실이다. 한국전쟁이 끝난 직후 1954년 8월 미국 에반스톤 2차 총회 때 한국이 가입 신청을 했는데, 이때부터 한국교회는 진보와 보수, 에큐메니칼 찬반 논쟁이 시작되었다. 전쟁의 상처가 가시기도 전에 교회 내에 또 다른 사상전쟁이 시작된 것이다. 대한예수교장로회 교단 내부에서도 찬반 의견이 나뉘어 1959년 9월 대전에서 모인 제44회 총회에서 WCC 문제와 경기노회 총대권 문제 등 여러 가지 이유로 결국 예장통합과 예장합동으로 나뉘게 된다. 그러나 당시 문헌들을 보면 에큐메니칼 선교신학을 제대로 이해한 사람이 없었고, 찬성 쪽이나 반대 쪽이나 다들 WCC에 대해 자의적으로 해석하면서 논쟁을 일삼은 것을 볼 수 있다. 심지어 보수계의 거두 박형룡 박사조차도 당시 WCC 문헌을 제대로 이해하지 못하고 인용하면서 참석과 반대를 오락가락하기도 하였다. 한마디로 다들 WCC나 하나님의 선교신학, 혹은 에큐메니칼 신학이 뭔지도 잘 모르면서 정치적 이념과 교권, 혹은 자신들이 추종하는 선교사들의 성향에 따라 WCC, NAE, ICCC측으로 나뉘어 선교사 파송국가의 신학전쟁을 한반도에서 우리끼리 벌였던 것이다.

이후 한국교회는 에큐메니칼 진영과 반 에큐메니칼(복음주의) 진영으로 나뉘어 첨예하게 대립하였는데, 에큐메니칼 진영은 인권 선교와 도시산업 선교, 민주화운동에 집중하면서 좌파나 용공으로 매도당하였고, 반 에큐메니칼 진영은 전도와 교회 성장에만 집중하면서 수구 보수로 매도당하였다. 그러나 1990년대에 들어 정치 민주화가 이루어지자 교회 내의 분위기가 조금 누그러졌다. NCCK에 보수적인 기독교대한하나님의성회가 가입하는 것을 필두로 점차 에큐메니칼 진영과 복음주의 진영이 대화를 하기 시작했는데, 그 중심에 선 교단이 복음주의와 에큐메니칼, 양 진영에 모두 가입되어 있는 예장통합 교단이었다.

예장통합 교단의 선교신학은 한마디로 복음적이면서 동시에 에큐메니칼적인 통전적 선교신학이라고 말할 수 있다. 여기서 통전적 선교란 "모든 교회(Whole Church)가 온전한 복음(Whole Gospel)을 온 세상에 있는 모든 사람(Whole World)에게 전하는 것"을 말한다.[6] 통전적인 선교는 선교의 목표를 개인 영혼구원과 사회 개혁을 구분하지 않는 포괄적인 구원(comprehensive salvation), 전인적인 구원(holistic salvation)을 통한 온전한 하나님 나라 건설에 둔다.[7] 여기서 중요한 것은 영혼구원과 육체구원, 전도와 사회봉사, 둘 중 어느 것이 중요하냐가 아니다. 둘 다 하자는 것도 아니다. 통전적 선교의 핵심은 영혼구원과 육체구원, 전도와 사회적 책임이 서로 분리되지 않는다는 점에 있다. 다시 말해, 선교를 복음적 위임(evangelistic

---

6) J. D. Douglas, *Let the Earth Hear His Voice : International Congress on World Evangelization Lausanne*, Switzerland (Minneapolis : World Wide Publications, 1975), 5.

7) 송인설, "통전적 선교 : 에큐메니칼 운동과 복음주의의 화해," 『한국교회사학회지』 제16권(2005) : 53-84.

mandate)과 문화적 위임(cultural mandate)이라는 양분된 입장이나 전도와 사회적 책임이라는 이분법적인 접근이 아니라 통합적인 접근으로 바라보자는 것이다. 하나님이 원하시는 선교는 영혼구원도 아니고 육체구원도 아니고, 영육구원이다. 통전적 선교는 개인 구원과 사회 구원, 영혼구원과 육체구원을 구분하지 않는다. 배고픈 자에게 빵을 주고, 복음을 들어 보지 못했다면 복음을 전하는 것이 하나님의 선교에 동참하는 교회의 사명이라고 믿는 것이다. 예장통합 교단이 지향하는 복음적인 에큐메니칼 신학 전통이 바로 여기에 있다. 1996년 제81회 총회에서 발표된 대한예수교장로회 선교신학지침에서 분명히 밝히고 있는데, 이 문건에서 통합측은 복음주의 대 에큐메니즘이라고 하는 이분법을 지양하고 두 흐름의 선교 개념을 비판적으로 수용하면서 "전 교회(the whole Church)로서 전 복음(the whole Gospel)을 온 세상(the whole World)에 선포하는 통전적 선교신학"을 고수하고 있음을 분명히 했다.[8] 이후 2018년 제103회 총회에서 22년 만에 대한예수교장로회 선교신학지침 개정안을 발표했는데, 통전적 선교신학의 유산을 이어 가면서 동시에 변화하는 선교신학의 흐름을 대폭 반영하였다.[9] 이 문건에 따르면 예장통합 교단의 선교신학은 기본적으로 삼위일체 하나님의 선교를 지향하지만, 내용과 방식에 있어서는 통전적이라고 규정한다. 실제로 예장통합 교단은 복음전도를 강조하면서 동시에 교회의 공적역할, 혹은 사회적 책임 역시 매우 중요하게 여기고 있는데, 2008년에 추진되었던 '예장 300만 성도 전도운동'이나 '치유와 화해의 생명공동

---

8) 대한예수교장로회 총회세계선교부, 『대한예수교장로회 선교신학 지침』, 제91회 총회(1996. 9. 14.), I. 선교 개념의 역사 : 복음주의와 에큐메니즘.
9) 대한예수교장로회 총회세계선교부, 『총회 선교신학 : 우리의 선교신학』, 제103회 총회(2018. 9. 13).

체운동 10년', 일명 치화생 사역이 그 대표적인 예다.

　탈냉전시대에 에큐메니칼 진영과 복음주의 진영의 소모적 논쟁은 이제 의미가 없어졌다. 21세기는 정치 이념의 시대가 아니라 문화, 종교, 민족 이념이 혼재하는 탈이데올로기 혹은 다차원적 이데올로기 시대다. 이런 상황에서 진보와 보수, 복음주의와 에큐메니칼의 이분법적 대립이 아니라 대화와 협력, 일치와 연대를 통한 새로운 차원의 선교 접근이 필요하다. 그런 면에서 예장통합 교단의 복음적인 에큐메니칼 신학 전통은 우리 사회의 분열과 갈등을 종식하고, 기독교 교파 간의 연합과 일치를 선도하는 중요한 신학적 기반이 될 것으로 보인다.

　주님은 십자가에 달리시기 전 마지막에 하나님께 이런 기도를 드린다 : "나는 세상에 더 있지 아니하오나 그들은 세상에 있사옵고 나는 아버지께로 가옵나니 거룩하신 아버지여 내게 주신 아버지의 이름으로 그들을 보전하사 우리와 같이 그들도 하나가 되게 하옵소서"(요 17 : 11). 이 기도문은 십자가 죽음을 앞둔 예수님의 마지막 유언이기도 했다. 예수님의 간절한 기도와 바람은 신자들이 하나가 되는 것이었다. 우리의 기도는 하나님이 응답하신다. 하나님의 기도는 누가 응답해야 하는가? 우리 신자들이다. 그럼에도 불구하고 우리 그리스도인은 예수님의 기도에 응답해 드리지 못했다. 지난 2천 년간 기독교의 역사는 분열과 다툼의 역사였다. 전 세계에 기독교 교파만 2만 개가 넘고, 한국에만 374개의 교파가 있다. 그중 대한예수교장로회 이름의 교파만 286개가 있다고 한다. 주님께서 이런 모습을 보신다면 과연 뭐라고 말씀하실까? 그런 면에서 요한복음 17장에 나오는 예수님의 기도는 응답받지 못한 기도이자 반드시 응답해 드려야 할 기도다. 어쩌면 복음적인 신앙을 고수하며 동시에 에큐메니칼 정신을 이어받은 예장통합 교단의 사명이 바로 여기에 있지 않을까? 마귀는 할 수만 있다면 그리스도인들의 일치와 연합을 막으려 하고 있다. 일치와 연합을 위한 교회의 노력을 종교연합으로 몰아가고, 하나님 나라 확장을 위한 연대의 노력을 종교다원주의로 몰아가는 이단과 마귀 사탄의 계략에 넘어가지 않도록 조심하자. 예장통합 교단의 복음적이고 에큐메니칼한 통전적 신학 전통이 이 땅의 분열과 갈등을 종식하고, 교회와 사회를 일치와 연대로 이끄는 하나님 나라의 디딤돌이 되기를 소망한다.

/ 토론주제

1. 복음주의자들과 에큐메니칼주의자들은 선교를 어떻게 이해하고 있습니까?
2. 우리 교단이 견지하고 있는 통전적 신학 전통은 선교를 어떻게 이해하고 있습니까?
3. 나와 다른 전통을 가지고 있는 타 교파 기독교인들과의 일치와 연합은 어떻게 이루어 나가야 할까요?
4. 하나님 나라를 이 땅에 확장하기 위해 비기독교인들과의 연대와 협력은 어떻게 이루어 나가야 할까요?
5. 복음을 전파하며, 동시에 그리스도인의 사회적 책임을 다하기 위한 나의 다짐과 결단을 서로 나누어 봅시다.

/ 참고문헌

1. 대한예수교장로회 총회세계선교부. 『대한예수교장로회 선교신학 지침』. 제91회 총회(1996. 9. 14).
2. 대한예수교장로회 총회세계선교부. 『총회 선교신학 : 우리의 선교신학』. 제103회 총회(2018. 9. 13).
3. 송인설. "통전적 선교 : 에큐메니칼 운동과 복음주의의 화해." 『한국교회사학회지』 제16권(2005).
4. 총회에큐메니칼위원회. 『복음과 에큐메니칼 신앙』. 서울 : 한국장로교출판사, 2021.

5. 한국기독교학회 선교신학회.『복음주의와 에큐메니즘의 대화』, 서울 : 다산글방, 1999.
6. Hartenstein, Karl. "Wozu nötigt die Finanzlage der Mission." *Evangelisches Missions-Magazin*. vol 79 (1934) : 217-229.
7. Küng, Hans. *Theologie in Aufbruch : Eine Okumenishce Grundlegung*. Munich : Kaiser Verlag, 1987.
8. Stott, John R. W. *Christian Mission in the Modern World*. Downers Grove : Inter Varsity Press, 1975.
9. Visser't Hooft, Willem, Ruth Rouse and Stephen C Neill, "Appendix 1." *A History of the Ecumenical Movement*. Volume I, 1517-1948. Geneva : World Council of Churches, 1965.

우리의
선교신학 해설과
우리 신학

황순환 목사(서원경교회)

1. 들어가는 말

한국교회는 짧은 기독교 역사 속에서 놀라운 성장을 보여 왔다. 1945년 해방되던 해에는 38만 명의 기독교인들이 있었으나 2,000년을 기준으로 개신교만 천만 명 이상의 숫자로 증가했다. 2007년 우리 교단의 세계 선교사의 수는 81개국에 527가정을 파송하여 총 969명이었다면, 2022년 5월 현재는 92개국에 801가정 1,524명의 선교사를 파송한 것으로 기록된다. 2020년 12월 기준 한국은 총 2만 2,259명의 선교사를 200여 국가에 파송하고 있을 뿐 아니라 외국 국적의 선교사도 1,435명을 파송하여 선교 대국으로 성장하였다. 그러나 선교에 있어서 코로나19의 영향으로 최근 큰 난관을 가져와 파송을 위한 선교단체의 재정 모금은 심각한 어려움을 겪고 있으며, 선교에 대한 다양한 전략들도 필요한 것으로 파악된다. 무엇보다 한국인 무슬림, 곧 코슬림(Korean-Muslim)이 국내에 6만 명에 이르는 등 다양한 타 종교인들과 공존하고 있는 시대에 우리는 살아가고 있다.

역사적으로 세계 기독교에 큰 영향력을 미치는 한국교회가 코로나19와 같은 난관을 극복하도록 총회는 선교적 대책들을 성실히 마련해 왔다. 또한 총회는 지역교회와 노회들이 총회의 선교 방침과 그 기반이 되는 선교신학을 이해할 수 있도록 20세기 말부터 통합측 선교신학을 정립하고 교육하기 위해 많은 노력을 기울여 왔다. 제67회기(1983)의 총회 선교신학과 제80회기 정책 세미나 및 선교세미나에서 발표한 선교신학과 같은 세계선교위원회가 내놓은 연구결과물이 그러한 사례이며, 이후로도 우리 교단은 삼위일체 하나님이 주체가 되는 하나님의 선교를 특징으로 하는 에큐메니칼의 선교 개념과 로잔을 중심으로 한 복음주의 선교신학을 통전적으로 반영하여 1996년에도 선교신학 지침을 내놓았다. 그리고 제103회 총회(2018)에서 새로 개정하고 받아들인 『선교신학 지침서』는 가장 최근까지 우리의 선교신학에 대해 해설한 대표적인 예시가 된다. 우리 교단 총회가 21세기에 급변하는 세계적 동향을 파악하고 교단 선교신학의 현주소를 재검토하는 것은 코로나19 팬데믹 이후 시대적 상황에 따른 새로운 선교적 대안을 줄 수 있다는 점에서 매우 의미 있는 일이라고 할 수 있다. 이에 필자는 총회의 신학과 교단 선교신학의 방향성을 시대적 흐름에 맞춰 설명하고자 하였다.

2. 총회 『선교신학 지침서』에 나타난 우리 선교신학

총회 선교신학의 기틀을 잡기 위한 노력은 80년대 초부터 시작되었다.

1982년 제66회 총회 위탁을 받아 쓰여진 『총회의 선교신학』의 성명문이 처음 문서화되었다. 이 문서는 기존의 선교신학에 대한 한계점을 지적하고 총회가 추구해야 할 선교신학의 방향성에 초점을 맞추면서 앞으로 추구해야 할 선교신학은 통합적 선교의 성격을 분명히 해야 한다는 당위성을 주장했다. 신학적으로는 근본주의 신학으로부터 가장 급진적인 신학까지 통합교단이 한국 장로교단의 화합을 실천할 것이며, 개인 구원과 사회 구원을 동시에 지향하는 실천적 측면을 갖는다는 것을 우리 총회는 밝히고 있다. 아울러 국내선교에 있어서는 교단이 교회 성장을 위주로 하고 사회 선교에 대해서 너무 소홀하였음을 반성하고, 세계선교에 있어서는 서구의 파송 선교사 시대가 서서히 막을 내리고 아시아 선교의 중책이 한국에 있음을 강조하고 있다.

먼저 우리의 『선교신학지침』(1982)은 원래 여섯 부로 나누어져 있고 선교에 대한 역사적 이해와 변화 과정을 반영한다. 제1장은 선교 개념의 역사로 복음주의와 에큐메니즘에 대한 논의들이었고, 제2장은 삼위일체 하나님의 본성에 근거한 선교의 본질적 논의이다. 제3장은 화해와 새 창조를 통한 복음과 사회적 구원에 대해 집약했으며, 제4장은 성령의 파송을 통한 새 창조의 실현, 제5장은 협력과 연합 그리고 일치를 추구하는 선교적 비전을 개괄했다. 마지막 제6장은 복음과 문화의 관계가 시대적 패러다임에 따라 어떻게 변화되는지 정리하고 문화에 대한 분석과 복음의 상황화에 대한 선교적 논의를 포함하고 있다.

그러나 최근 2018년에 새로 개정된 선교신학 지침서는 2006년부터 『총회세계선교 대학』 교재 안에 실리면서 목회자 선교사뿐 아니라 평신도 전문인 선교사들도 총회 선교 교육을 받고 행정과 선교 정책에 대한 이해를 갖도록 목적을 두고 쓰여졌다. 21세기 세계선교 현황에 적극적으로 대처해 가는 선교사로 나아가는 데 부족함이 없도록 총회 선교신학 지침서는 우리 교단 선교신학에 대해 자세하게 개괄되어 있다. 우리 한국교회는 일제의 압제와 그로부터 해방, 남북전쟁이라는 아픔과 고통 속에서도 세계 각국에 2만여 명이 넘는 선교사를 파송하는 놀라운 교회 성장을 보여 왔기 때문에 우리 교단의 선교신학은 한국교회가 가진 복음 선교의 역사를 총괄할 수 있는 장로회 역사를 대표하기도 한다. 그 이유는 교회 역사에 있어서 미국 북장로회 선교부 선교사들인 알렌과 언더우드를 중심으로 장로회가 조직되고, 호주장로회(1889)와 남장로회(1893) 등이 합류하면서 조선 땅에 장로교 공의회가 1901년에 조직된 것이 교회의 선교적 틀을 만들었기 때문이다.

그렇다면 이제껏 정리된 우리 총회 선교신학의 특징을 개정된 내용에서 한 번 살펴보자. 먼저 우리 총회 선교신학은 복음주의적 전통에 기반하여 신구약성경과 사도신경, 장로교 12신조, 요리문답과 웨스트민스터 신앙고백 및 1986년 대한예수교장로회 신앙고백서를 존중하는 신앙고백적인 공동체를 바탕으로 한다. 따라서 성경이 하나님의 말씀이며, 구원 계시를 드러내고 있고, 십자가에 달리신 역사적 예수의 부활 사건에 대해서 복음을 전파할 사명이 교회에게 있음을 선교신학을 통해 강조한다. 한국 장로교회는 교회의 시작부터 선교사를 파송함으로 복음 전파의 실천을 감당했다. 1907년 한국 장로교 독노회에서 시작된 제주도 선교로부터 1909년 한인 동포(디아스포라)들에 의한 중국 산동성과 일본, 러시아 선교 등은 한국 장로교 역사에서 우리 교단의 선교 중심적 기초를 잘 보여 주는 사례이다.

또한 통합측 교단의 정체성에 있어서 가장 중요한 것은 교회와 선교에 대한 우리 신학적 입장이다. 특별히 우리의 신학을 통전적 선교신학이라

할 수 있는데, 무엇보다 하나님 나라를 구현해야 할 세상에 대한 책임과 의무가 교회에 있음을 주지하고 삼위일체 하나님의 선교에 중심을 둔다. 이는 선교의 주체자 하나님과 파송된 아들 예수 그리스도, 화해의 복음을 증언하게 하시는 성령의 선교에 바탕이 된다는 점을 강조하여 우리 교단 선교는 삼위일체 하나님의 선교적 본질에 기초함을 강조한다. 뿐만 아니라 삼위일체 하나님의 선교가 교회의 복음전도와 사회와 세상을 변혁해 가려는 자리에서 시작된다고 믿고, 교회의 머리 되신 그리스도를 강조하면서 본질적으로 교회는 선교적 정체성을 가져야 함을 강조한다. 우리 교단 신학은 하나님의 선교(Missio Dei)에 의해 세상 가운데 파송된 보냄 받은 백성들로서 이 땅 가운데 선교적 공동체를 지향하고 있음을 명시한다.

교회는 하나님의 주권과 통치가 세상 가운데 확장되고 완성되기 위해 하나님의 나라를 이 땅 가운데 실현할 선교적 책임을 가진다. 그리고 온전한 복음을 온 세상 곧 사회와 정치, 경제 각 영역 가운데 구현할 소명이 있기에 우리 교단은 선교에 있어서 교회의 역할을 소홀히 하거나 배제하면서 세상을 향해 나아가지 않는다. 또한 이러한 선교적 정체성은 온 교회가 선교적 사명을 가지고 있고, 적극적으로 동참한다는 것을 말한다. 이는 곧 온 교회의 성도들이 선교적 사명을 지닌 하나님 백성 공동체로서 세상 가운데 선교적 부르심에 따라 살아간다는 의미이다.

그리고 선교란 다양한 문화와 세계관으로 이루어진 현장 속에서 구체적으로 전개되기 때문에 복음이 문화 안에 들어가 개혁되고 새롭게 창조할 수 있는 능력이 있음을 믿는다. 우리 교단은 선교를 수행하는 데 있어서 인종과 언어와 문화적 다양성을 인정하고 협력을 통해 교파나 신학적 차이에 대한 경계선을 넘어 일치를 추구하는 에큐메니칼 정신을 실현하고자 한다. 통전적이라 함은 단지 선교에 있어서 포괄성을 갖는 것뿐 아니라 선교 차원에서 빠르게 변해 가는 선교적 패러다임의 변화가 선교신학 안에 포함되어 논의되고 지역교회가 이를 실천할 수 있도록 열려 있는 가능성을 의미하기도 한다. 오늘날 복음이 문화에 대한 다양한 접근성을 갖고 세상과의 역동적인 관계를 갖도록 과거 신학에 대한 반성과 함께 앞으로의 새 방향성을 확정해 가도록 변화 및 전통에 대한 새로운 해석을 하는 것이 통전적 선교의 과제이다.

현재 사용하는 총회 선교신학은 제103회(2018)에 대한 서문과 그 해설에 대한 내용을 총망라하는 작업이 최근까지 이루어졌다. 이전에 이형기 교수가 정리했던 『선교신학지침』 원문에 더하여 제103회 총회에서는 목회자 위원들과 선교사들, 신학교 교수 위원들이 수차례 토의를 거치면서 구체적으로 타 종교에 대한 선교적 과제와 역사적 이해를 더 확장했고, 선교에 있어서 동반자적 협력에 대한 부분을 마지막에 더 강조하였다. 무엇보다 선교를 이해하는 데 있어서 사역의 적용과 실천 영역에 대한 정확한 이해를 위해 세 파트로 나누어 선교와 복음전도, 선교와 교회, 선교와 사회를 기술했다. 통합측 총회 선교신학적 과제를 6개의 주제로 정리하여 설명한 대한예수교장로회 선교신학 지침서(1996)에 덧붙여 새로 개정된 9개의 주제는 ① 삼위일체 하나님의 선교 ② 선교와 하나님의 말씀인 성경 ③ 삼위일체 하나님과 통전적 선교 ④ 선교와 복음 전도 ⑤ 선교와 교회 ⑥ 선교와 사회 ⑦ 선교와 문화 ⑧ 선교와 타 종교 ⑨ 선교와 동반자적 협력이다.

2018년 『선교신학지침』이 개정되면서 강조된 부분은 선교에 있어서 협력적 선교, 곧 동반자적 관계를 통한 연합이다. 에큐메니칼운동은 사실 복음주의 운동 가운데 일치와 협력을 위한 선교적 네트워크로도 이어지고 있다. 1세계 위주의 선교에서 3세계 선교로 세계선교가 전환되고 있으므로 과거 서구식 혹은 한국식의 단독 사역에서 협력 사역으로 교파와 교단을 초월한 선교를 표방한다. 선교를 위한 진정한 협력이야말로 에큐메니칼운동이 지향해야 할 방향성이기에 에큐메니칼운동을 WCC에만 국한시키기보다 에큐메니칼적 복음주의, 복음주의적 에큐메니칼 흐름을 통전적 선교신학에 담아내려 애쓰는 것이 우리 선교신학의 방향성이다. 교회는 하나님의 선교의 도구이기 때문에 하나님의 구원활동에 언제나 참여할 준비가 되어 있어야 하며 삼위일체 하나님의 선교에 참여하기 위해서 교회가 교리와 교파 의식을 넘어 하나님의 비전을 향해 서로 협력하여 하나로 묶여야 한다.

세계선교의 동향과 이에 따른 한국교회의 변화가 협력 선교에 맞춰졌다면 동반자적 선교에서 필요한 태도는 무엇일까? 안교성에 의하면 세계선교의 동향은 과거 선교회 주도 선교에서 교회 협력 선교로 전환하고 있고, 목회자 위주의 선교에서 평신도 선교로 좀 더 평등한 구조에 기반하여 시대적 전환에 발맞춘 선교로 나아가고 있다. 선교는 유능한 선교사에게 집중되는 선교가 아니라 다양한 은사로 초점의 전환을 가져오는 것이 더욱 유익하다. 세계선교의 흐름과 과제를 고려할 때 우리 선교신학은 더 이상 목회자 중심의 프로그램과 한 방향의 수직적 리더십이 아니라 세상을 이해하고, 세상 속에 들어가 사회에서 소외되고 고난당하는 자들과 함께할 평신도 사역자들과 선교사들의 역할을 강조한다.

3. 하나님의 선교와 교회의 관계를 기반으로 한 '통전적 선교신학'

앞서 살펴본 대로 우리 선교신학은 시대와 상황에 맞추어 새롭게 개정을 거듭해 왔다. 제66회 총회(1982)에서부터 선교신학에 대한 논의가 시작되어 제81회 총회(1996)에서 새롭게 개정하면서 신앙적 전통에 근거한 선교신학의 토대를 마련했고, 90년대 총회의 선교신학에 대한 지침서를 마련하는 작업은 21세기에도 개정 보완되었다. 우리 교단은 선교신학적 기틀을 마련하는 데 있어서 복음주의와 에큐메니칼 두 진영의 한 부분만을 강조하고 취하기보다는, 사회와 세상을 향하되 교회가 주체가 되었던 과거의 선교를 비판적으로 수용하면서 온 교회(the whole Church)가 온전한 복음(the whole Gospel)을 온 세상(the whole World)에 선포해야 할 책임이 있음을 분명히 하고 협력과 연합, 일치를 향한 선교를 지향하고 있다.

하나님의 선교의 목적은 영혼 구원만이 아니라 이 세계 속에서 하나님의 뜻을 건설하는 문제와 밀접한 관련이 있다. 하나님의 선교 개념은 1952년 독일 빌링겐(Willingen)에서 열린 세계선교대회에서 칼 하르텐슈타인(Karl Hartenstein)이 처음으로 사용하면서 비롯되었다. 그 이후 피체돔과 호켄다이크에 의해 우리에게 구체적으로 소개되었다. 하르텐슈타인이 제시하는 하나님의 선교는 개인의 영혼 구원과 교회 중심적이었던 지금까지의 교단의 선교 개념을 극복하도록 했고 더 넓은 창조세계를 보도록 했다. 더욱이 하나님의 선교가 추구하고자 하는 최종 목표는 전 우주에 그리스도의 주권을 세우는 하나님 나라에 있으므로 구원에 대한 범위가 인간에서 생태계로 확대되어 그 과제와 책임의 범위가 넓혀졌다.

하나님 선교 개념의 등장으로 선교에 혁명적인 변화가 초래되었는데, 그것은 교회가 선교의 출발점이나 목표 또는 주체가 되어서는 안 된다는 것이다. 하나님은 행동하시는 주체이기 때문에 이제 교회는 그의 손에 쥐어진 도구에 불과한 것이다. 하나님의 선교는 단순히 주님의 말씀에 복종하거나 공동체를 회집할 의무만을 뜻하지 않고, 구원받은 전 피조물 위에 그리스도의 주권을 세우려는 포괄적인 목표를 가지고 하나님의 선교에 참여하는 것을 의미한다. 이러한 관점에서 볼 때 교회는 세계 안에 있는 하나님의 선교를 위한 도구에 불과하며, 세상과 관계가 없는 교회는 교회의 참 모습을 상실하게 된다. 독일의 신학자 본회퍼도 "교회가 이웃을 위해 존재할 때만이 진정으로 교회라고 부를 수 있다."라고 하였다. 결국 하나님의 선교 개념이 등장하게 되어 그동안 논란의 대상이 되었던 선교의 주체에 대한 문제가 하나님의 선교라는 말에 하나로 통합됨으로 선교의 일치를 이루게 되었다. 이러한 측면에서 볼 때 이제 교회의 선교라든지, 우리의 선교라는 말은 더 이상 의미를 갖지 못하게 된 것이다.

이상과 같은 '하나님의 선교'라는 새로운 선교 개념은 에큐메니칼의 선교신학과 복음주의 선교신학 발전에도 큰 영향을 주었다. 이는 선교의 내용이 복음 전도에만 치우치지 않고, 세상을 향한 이웃 사랑의 실천을 통해 타 종교인들도 품는 등 적극적으로 세상에 대한 책임성을 갖게 하였다. 이러한 '하나님의 선교' 개념의 등장은 기존 선교의 구조나 패러다임에 통전적인 변화를 가져오게 되었다. 기존에는 하나님-교회-세계의 구조를 띈 선교의 형태였다면, 이제는 교회와 세계의 순서가 바뀌어 하나님-세계-교회로 전환되었다. 이러한 선교에 대한 구조적 전환은 선교의 주체가 하나님이라고 인식하는 하나님의 선교를 주장하게 될 때 당연한 일이다.

이에 대한 성경적 근거로 요한복음 3 : 16의 "하나님이 세상을 이처럼 사랑하사 독생자를 주셨으니"라는 말씀을 제시한다. 이는 하나님께서 관심을 갖는 대상이 교회에 국한되지 않고 온 우주인 세상에 있음을 말한다. 이 세상은 하나님께서 직접 창조하신 피조의 세계이다. 하나님은 우선적으로 당신이 창조한 피조세계를 대상으로 삼고 그 세상과 관계를 맺으신다. 따라서 세상은 당연히 하나님의 계획의 초점이 된다. 하나님은 온 피조물에 관심을 가지시고, 이를 섬길 공동체로 하나님의 백성을 부르셨으며, 하나님의 관심사는 우주 전체 곧 온 세상이다.

따라서 우리 총회는 세계교회협의회(WCC) 대회를 통해서 논의되고 관심을 갖게 된 생명신학의 맥을 이어받아 2002년부터 2012년까지 10년 동안 '생명 살리기 운동'을 전개하였다. 이러한 생명신학에 대한 비전은 코로나19 이후에도 여전히 유효할 뿐 아니라 그 필요성이 더욱 커졌다. 재해 및 질병에 대한 대책과 위급상황에 대한 재난 방지 및 생명을 보호하는 신학적 비전으로 나가야 할 필요성이 코로나19 팬데믹 이후 더욱 중요해졌다. 역사적으로 거슬러 가 보면 1975년 나이로비 WCC 대회에서 논의된 '창조세계의 보전'이 1983년 벤쿠버 WCC와 1990년 서울 'JPIC'에서 'IC'를 부각시킴으로 생명신학에 초점이 맞추어졌다. 이러한 생명신학은 2013년 '함께 생명을 향하여'라는 문서에서 더욱 구체화되고, 삼위일체 하나님과 창조세계 가운데 일하시는 성령의 역동적 역할과 변혁적 성격으로 더욱 강조된다.

이제 교회의 참 사명은 인류와 세상을 섬기는 일에 초점이 맞춰진다. 세상보다 교회가 먼저 있고 그래서 교회를 통해서 세상을 변화시킨다는 기존의 생각을 넘어서, 하나님께서 관심을 갖는 세상이 먼저 있고 그 세상을 위해서 교회를 도구로 사용하신다는 해석이 가능해진다. 이제 교회는 세상을 위해서 부름을 받았기에 모이는 데 치중하는 교회가 아니라 오히려 하나님의 뜻을 실현하기 위해서 세상을 향해 흩어지는 교회가 되어야 한다는 것이다. 본 교단이 추구하는 선교신학은 극단적인 복음주의 선교도 아니고, 극단적인 에큐메니칼 선교도 아니다. 우리는 양쪽의 장점을 살리되, 선교의 주체자는 하나님임을 분명히 하는 '통전적 선교신학'을 추구한다. 통전적 선교신학을 기반으로 하는 하나님의 선교는 정적이지 않고 항상 시대의 동향과 상황에 민감하며, 유동성을 발휘하는 역동성을 지향한다.

이제까지 살펴본 우리 총회 선교신학은 선교의 궁극적인 목표를 '하나님 나라'에 두고 있으며, 선교의 주체는 삼위일체이신 하나님이시며, 선교의 범위는 복음주의 계통의 '복음 전파'와 에큐메니칼 진영의 '사회 참여'를 모두 포괄하는 통전적 선교신학이다. 또한 1996년에 채택된 총회 선교신학이 그 이전의 선교신학과 비교할 때 삼위일체 하나님의 선교를 강조함으로써 복음 전파에 있어서 협력적 관계와 창조세계와의 화해 곧 사회적 구원의 내용이 더 자세히 포함되어 있음을 확인할 수 있다. 21세기에 추구할 선교신학은 우리가 처한 코로나19 상황과 시대적 요청에 부응하는 하나님의 선교로서 하나님 나라 건설을 목표로 한다.

이제 전통적인 선교 모델이 쇠퇴하고 새로운 선교 모델들이 다양하게 등장하며 시대의 요청에 따라 선교의 패러다임도 변화되고 있다. 통전적 선교는 시대의 상황과 요청에 늘 민첩함과 역동성을 보이는 시대성을 담아내는 선교신학이다. 21세기의 선교는 교파 중심에서 초교파주의로, 목회자 선교사에서 평신도들을 중심으로 한 전문인 선교로의 전환을 요청하며, 남성 중심에서 적극적인 여성과 주변부 참여의 선교로 바뀌고 있다. 그리고 지리적 이유나 이념의 차이로 선교 접근이 불가능하거나 용이하지 않은 나라들을 위해 정보통신 및 인터넷을 통한 네트워크 선교와 미디어 선교가 활발히 등장하고 있다. 이러한 시대적 상황 속에서 우리 교단의 선교신학적 과제는 남한 땅에서 여전히 2등 시민으로 여겨지는 난민 신청자들, 북한 이주민들, 조선족, 러시아 동포들 혹은 고려인들을 염두에 두고 그들과 함께 새로운 한국 선교의 방향성을 설정해야 할 것이다. 이제는 다문화가정이 삼백만이 되어 가는 상황이므로 이주민과 다문화가정들을 통한 선교 전략이 확대되고 재해석되어야 할 필요성도 커지고 있다.

4. 21세기 교단 총회의 선교신학적 과제와 방향성

우리 대한예수교장로회 통합 총회는 앞에서 살핀 것처럼 삼위일체 하나님이 선교의 주체임을 표방하는 하나님의 선교와 통전적 선교를 추구하고 있다. 또한 총회 세계선교부는 선교정책과 21세기 선교 방향성 모색을 위해서 다각도로 움직이고 있다. 현재 본 교단 세계선교부는 세계교회와 선교협력을 위한 에큐메니칼적 네트워크를 구축하고 세계교회협의회(WCC), 세계개혁교회연맹(WARC), 아시아기독교협의회(CCA), 세계선교협의회(CWM), 독일서남지역교회 선교협의회본부(EMS) 등과 교류 협력하고 있다.

현재 우리 교단은 정책총회와 사업노회의 구조개혁을 시행하고 있지만, 세계선교부의 경우 이에 대한 구체적인 대안들과 방향성을 개진하는 것이 필요하다. 총회 선교정책과 신학의 정체성 확립을 위해서는 선교 전문가와 선임 선교사들과의 협력이 절대적으로 필요하며, 각 기구가 코로나19와 같은 팬데믹을 맞아 위기관리를 해야 하거나 자연재해로 인한 지역 구조 및 협력을 요청하기 위해서는 지역의 노회나 총회를 통한 협력을 넘어 교단과 각 현장의 민족과 문화를 대표하는 현지 지도자들과의 협력도 절실하다. 앞으로 미래를 위해서는 정책총회와 사업노회의 선교적 관계가 형성되어야 하고, 이에 대한 구체적인 방안을 강구하여야 할 것이며, 정책이 세워지는 과정에서 다양한 목소리가 반영되고 사업이 실행되는 것이 관례적이지 않도록 많은 플랫폼을 열어 두어 소수의 목소리들도 고려되어야 할 것이다.

그렇다면 다섯 가지로 교단총회의 선교신학적 방향성을 살펴보자.

첫째, 선교신학과 연관하여 세계의 동향에 따른 선교신학을 정립하고 이를 기반으로 하여 성장하는 교회에서 선교적 교회의 패러다임으로 전환하는 일이다. 한국교회 가운데 선교에 참여하는 교회가 20% 미만이라는 보고는 선교의 주체가 하나님임을 고백하는 본 교단의 선교신학을 무색하게 한다. 본 교단의 선교신학을 따른다면 각 지역별로 총회 직영신학대학교에서 세계선교대학을 총회 세계선교부-노회 세계선교부-지역교회가 연합으로 개최하여 교단 선교신학의 정체성을 확립하고 이를 훈련받는 장을 적극적으로 만들어야 한다. 교단 선교신학의 정체성을 확립한다는 것은 통전적 선교신학에 대한 다양한 컨퍼런스를 개최하고, 지역 목회자들의 현장을 반영한 마을목회 및 선교적 교회에 대한 적용이 지역교회의 현장 뿌리까지 확대되는 것을 말한다.

둘째, 본 교단이 표방하는 에큐메니칼운동과 연관하여 실무자들과 이론가들이 협력과 연합, 그리고 일치를 추구하는 선교를 지향해야 한다. 타교단과의 선교협의체 형성, 지역교회와 선교회, 신학교와 지역교회가 상호 협력하는 일에서부터 세계선교부와 세계 교회, 그리고 선교 현지 교회와 협력하는 일 등을 모색하는 자세가 필요하다. 또한 교단의 선교학 교수들-선교사-세계선교부 실무자 간의 정기적인 모임도 활성화되어야 할 것으로 본다.

셋째, 선교와 문화적 측면에서 본 교단은 복음과 문화의 관계 유형의 다양성을 인정하여 현지인들의 목소리를 적극 반영해야 한다. 포스트모더니즘과 다원적 세계라는 다문화인과 더불어 살아가야 하는 상황에서 이 땅에 존재하는 타 종교와도 대화를 하고 그들과 더불어 살아가는 방법을 배우고 계발하는 일이 중요하다. 아시아 선교의 실패 원인 가운데 하나는 아시아의 토양과 전통을 무시한 일방적인 선교에 있었기에 이 과제는 매우 중요하다. 예수님은 이웃에 대한 사랑을 가르치셨는데 대부분의 이웃 사랑의 본문들은 가난한 자와 어려움을 당한 자와 약자, 곧 주변을 향하고 있다. 따라서 아시아 선교 현지인들과의 협력으로 현장 중심의 선교신학이 탄생되도록 노력해야 할 것이다.

넷째, 본 교단은 복음 선교를 위한 지역과 종교적 상황에 걸맞은 아시아 선교신학을 정립해야 한다. 서구 선교사들은 힌두권, 불교권, 이슬람권이 강한 아시아 선교에서 실패했다고 생각한다. 그러나 본 교단은 선교신학 정립을 위해 아시아 선교의 실패를 염두에 두고 아시아 교회와 협력하여 아시아의 상황에 맞는 아시아 선교신학을 모색하는 일을 적극 추진해야 한다. 선교가 현지 교회를 위해 존재한다고 할 때 현지 교회와 무관한 선교는 아무 의미가 없는 것이다.

마지막 다섯째, 무엇보다 총회 파송 선교사의 관리 문제도 총회의 선교신학에 적극 반영될 과제임에 틀림없다. 정책총회와 사업노회와 연관하여 노회에서 파송한 선교사들을 전문적으로 관리하는 것이 바람직하다. 깨어진 선교사들의 가정을 회복하고, 선교사들의 노후관리, 곧 출구 전략을 더 잘 세우는 일도 필요하다. 이번 코로나19와 같은 예상치 못한 재해나 재난 등이 일어났을 때 이에 대처하는 차원에서 선교사들을 급히 대피시키는 것뿐 아니라 긴급한 선교적 도전에 대해 예방하는 차원에서 총회에서 선교적 전략들이 체계적으로 마련되도록 해야 한다. 이러한 계획성 있는 자연 재난과 피해 및 생명 구호 활동선교 전략들은 다양화되고, 장기간 실천되어야 하며, 이를 평가해 볼 수 있도록 재난 선교에 대한 기관을 확정하는 등 일관성 있게 뒷받침되어야 한다.

5. 평신도가 선교에 동참하는 구체적인 방법들

앞으로 한국의 다문화사회에서는 이민자와 난민들을 환대하는 이웃 선교가 평신도들을 중심으로 지역교회에서 활발하게 일어날 것이라 예상된다. 이제껏 해외선교와 교회의 선교사 파송에만 주력했던 과거 교회 주체적 선교는 점차 협력적 선교로 전환되면서 다양한 풀뿌리적 주변 선교가 일어날 것이다. 이제 획일화된 선교가 아닌 다문화, 다종교 상황을 고려한 현장 중심의 선교로 우리 교단 선교 정책도 쇄신될 것을 기대한다. 2년 여간 코로나19 팬데믹이 전 세계를 강타하면서 많은 사람들이 고통과 아픔의 상처를 입고 여전히 후유증으로 아파하여 회복이 필요하다. 육체적 아픔뿐 아니라, 사회, 경제적 고통도 날로 커지고 있다. 이렇게 아픔에 직면해 있는 이웃들에게 우리는 어떤 선교적 접근을 할 수 있을까?

그들의 아픔을 외면하지 않고 마음껏 토로할 수 있는 환대 공동체로서 교회가 사랑을 실천하고 그들을 찾아갈 때 가까운 타 종교인들과 타 문화권에서 온 이들에게는 사랑의 표현이 된다. 이제 하나님 백성의 공동체가 선교적 백성이 되어서 함께 일상에서 실천할 수 있는 과제를 찾아보도록 하자. 그것이 바로 우리 교단 선교가 온 교인들과 온 노회와 지역교회가 함께하는 총회 협력 선교의 첫걸음을 마련하는 것이다. 코로나19 시대에 우리가 감당할 선교는 지역교회 차원에서 다음과 같이 구체적인 실천 방안을 가질 수 있다.

첫째, 교회의 존재 이유가 선교에 있다는 것을 온 성도들이 알 수 있도록 총회 세계선교부의 위탁으로 한국선교교육재단에서 진행하고 있는 세계선교대학을 항존 직분자로부터 청년들을 포함한 모든 성도들이 이수하도록 하는 일이다. 필자가 섬기는 교회에서는 항존 직분자가 되기 위해서는 이 과정을 반드시 이수하도록 하고 있다. 둘째, 매월 한 주는 오후 예배를 1004 선교예배 혹은 선교 비전 나눔 예배로 정하여 비전 있는 목회자나 선교사들 중에 재정적인 문제 때문에 그 비전을 이루는 데 어려움이 있는 분들을 초청하여 비전을 나누고 온 성도가 헌금과 기도로 참여하여 목회와 선교비전을 위해서 헌금 전액을 지원하는 것이다. 셋째, 매월 한 주일은 선교헌금을 하는 주간으로 정하고 온 성도가 선교헌금에 참여하도록 하는 방안이다. 넷째, 부활절과 성탄절에 지역주민과 외국인들을 위해서 '행복박스'를 만들어 주님의 사랑을 함께 나누는 사역을 할 수 있다. 다섯째, 부활절, 맥추감사절, 추수감사절, 성탄절에 드려지는 절기헌금의 50% 이상은 매년 '비전 나눔축제' 행사를 통해서 미자립교회와 신학교 및 선교단체와 기관들의 비전을 위해서 함께 나눈다. 여섯째, 독거노인과 주민센터에서 추천받은 어르신들을 위해서 정한 요일에 반찬 배달 나눔 행사를 진행하거나 '노노선교'(노인이 노인을 돕는)의 일환으로 교회 직분자들이 나서서 마을 노인들을 함께 돕는다. 일곱째, 플로깅 선교를 통해 온 세대가 함께 조깅하면서 쓰레기 줍기를 실천한다. 이것은 환경 선교사가 되어 생태계를 보존하는 하나님의 청지기적 사명을 다하는 일상의 선교 실천이다. 여덟째, 지역 사회 난민 신청자들과 난민 불인정자들 및 인도적 체류자들이 함께할 수 있는 행사를 열어서 명절날 소외되는 외국인들을 추석 및 설날 주간에 교회와 가정에 초청한다. OECD 37개국의 평균 난민 인정률은 24.8%이고 더 높아지는 추세이다. 그러나 국내 2021년 난민신청자 7,000명 가운데 겨우 70명이 인정받은 확률은 겨우 1%에 미치는 부끄러운 통계이다. 타 문화권 선교는 동네의 외국인들을 항상 만날 수 있는 성도들이 다문화가족을 찾아갈 때 시작된다. 아홉째, 복음을 접하지 못한 미전도 종족은 고등학교나 대학교 진학 이후로 교회 가기를 포기한 다음 세대이다. 이들과 함께 세대 간의 예배를 통해 미래 선교사들이 될 수 있도록 독려하는 것이다. 2021년 말 기준으로 우리나라 가임기 여성들의 합계출산율이 0.81명에 그치는 것을 볼 때 출산 기피에 따른 방추형 구조를 벗어나는 것은 교회학교뿐 아니라 선교적 교회의 시급한 과제이다. 따라서 결혼과 출산을 통해 믿음의 자녀 세대를 길러 내어 교회가 자연 성장하도록 돕는다. 열째, 마지막으로 국내에는 40만 이상의 동남아시아와 중동권 무슬림들이 전국적으로 거주한다. 공식적인 모스크나 기도처를 합하면 이슬람 종교기관도 80여 군데가 넘는다는 것을 기억할 때, 이미 들어온 무슬림들을 향해 따가운 시선으로 보는 이슬라모포비아적 시각을 가지지 말자. 오히려 외국인 노동자들과 학생으로 온 무슬림들에게 환대적 선교를 통해 예수의 사랑 전하기를 시작해 볼 수 있다. 이밖에도 다양한 방법으로 지역에 살아가는 성도들이 선교에 쉽게 동참하도록 방법들을 함께 기획해 볼 수 있다. 평신도의 선교적 사명은 교회의 존재 이유와 맞닿아 있다. 삼위일체 하나님의 세상을 향한 선교는 성도들이 세상을 사랑하고 이웃을 선교하기로 결단할 때, 가까운 곳에서부터 삼위일체의 사랑이 드러나고 실천될 수 있다.

6. 나가는 말

지금까지 필자는 21세기 세계의 동향을 염두에 두고 본 교단의 신학과 선교신학의 방향성을 설명했다. 물론 각자가 불가피하게 처해져 있는 교회의 상황이나 신학적 성향에 따라 다소 차이가 있겠지만 앞서 소개된 세계선교 흐름의 양 진영, 곧 WCC와 로잔의 장점을 포괄하는 통전적 선교신학이 본 교단이 추구하는 통전적 선교신학임을 보았다. 또한 통전적 선교신학은 복음 전파와 사회적 책임을 포괄하는 삼위일체 하나님이 주체가 되는 '하나님 선교'임도 확인할 수 있었다. 하나님의 선교는 삼위일체 하나님의 연합과 사랑, 보내심의 능동적 행위에서 시작되기에 교회는 세상에 파송된 공동체적 정체성을 가진다. 통전적 선교는 세계의 동향과 우리가 터전으로 삼고 있는 한반도라는 현장을 중요시하며, 이러한 상황에 대처할 수 있는 항상 갱신되는 선교신학의 정립을 요청받고 있다. 선교의 우선적 과제가 다른 듯 보여도 로잔과 WCC 양 방향의 흐름은 자기의 독특성을 분명하게 드러내면서도 끊임없이 시대적 도전에 대응해 나가며 협력하는 세계선교의 비전을 보여 왔다. 이것은 우리 교단 선교신학이 통전적으로 나아가도록 좋은 본보기가 되며, 우리 선교신학적 정체성 형성에 큰 영향을 주었다. 따라서 총회 선교신학과 통전적 선교의 구체적 모색을 위해서는 개교회의 평신도들로부터 더 많은 토론과 협력적 선교가 일어나야 한다.

하나님 나라와 샬롬을 실현하여 세계교회가 함께 공동으로 추구해야 할 삼위일체적 선교를 실천하기 위해 우리 교단은 지역교회들과 현지 지도자들과 선교학자 모두가 협력하여 다양한 선교적 교회의 모델들과 아시아적 선교 모델을 발전시킬 사명이 있다. 앞서 보았듯이 우리 교단은 21세기 비서구권과 아시아 중심의 선교, 협력이 중시되는 네트워크식 선교, 다문화적 접근이 필요한 다원주의 사회 선교를 향해서 중심적 역할을 해 나가야 할 것이다. 본 교단의 선교신학은 단순히 복음 전파와 사회 참여를 포괄하는 데 머물지 않고 선교의 두 구성요소 이상의 의미를 담아내는 역동성을 발휘하는 선교신학의 발전을 지향한다. 이제 교회 지도자들은 평신도의 입장에서, 성도들이 직접 선교에 대한 비전을 나누고 선교 프로젝트를 계발할 수 있는 장을 만들어 주는 일에 나서야 한다. 선교에 헌금으로 참여하는 수동적인 차원에 머물지 않고, 평신도의 입장에서 선교의 모델을 찾아보고 선교에 대한 방법론을 강구하여 기쁨과 감사함으로 선교에 참여하여 선교적 공동체를 증식하는 것이 급선무이다.

미전도 종족은 멀리 있지 않다. 어른들과 소통이 잘 이루어지지 않는 Z세대로 불리는 10~25세까지의 다음 세대가 다른 문화권의 미전도 종족 선교지이다. 새로운 세대가 가진 문화 차이에 대한 갈등을 넘어 이해와 화해를 추구하는 부모 세대의 겸손함의 선교도 가까이에서 실천할 수 있는 선교적 과제이다. 따라서 젊은 세대에게 그리스도를 선교하는 것은 평신도들 가정마다 중요하다. 선교 현장이 꼭 타 문화권 혹은 해외선교이어야 할 필요는 없다. 또한 멀리 가지 않아도 자기 자녀들부터 신앙교육을 시키고, 교회로 인도할 수 있는 평신도의 선교적 과제가 중요해졌다.

이를 위해 우리는 일상생활 속에서 자연스럽게 갖게 되는 편견을 내려놓고 판단 정지(Epoche)를 통해 기존 타 문화권과 타 종교에 대해 과거에 선교하던 방식을 확장하여 가정 선교, 이웃 선교를 가까운 곳인 국내 다문화가족들부터 시작해야 한다. 새로운 선교의 시대를 맞아 새로운 형태의 선교와 패러다임이 등장할 수 있도록 교회 구성원 모두가 개방성을 가져야 한다. 이러한 태도는 평신도들이 직장과 사회에서 다른 신앙을 가진 이웃을 적대하기보다 대화를 통해 함께 삶을 나누면서 증인 된 삶을 살아가는 것과도 연결된다. 우리 성도들부터 말과 선포를 통한 선교뿐만 아니라 진정성 있는 삶을 통해 적극적으로 사랑을 실천한다면 총회가 추구하는 하나님의 선교는 우리 모두의 선교가 될 수 있다.

/ 토론주제

1. 우리 교단 선교신학에서 삼위일체 하나님의 선교는 무엇이며, 왜 중요합니까?
2. 평신도 선교사가 구체적인 전문 영역에서 해야 할 일은 무엇입니까?
3. 우리 교단은 "교회의 역사 시작부터 선교적이다."라고 말합니다. 그 이유에 대해 나누어 봅시다.
4. 변화하는 선교 시대에서 협력 선교는 어떻게 이루어져야 합니까?
5. 평신도가 선교신학을 공부하고, 역동적인 선교사로 사명을 감당해야 하는 이유는 무엇입니까?

/ 참고문헌

1. 서정운. 『교회와 선교』. 서울 : 두란노, 1990.
2. 안교성. "한국 장로교 선교의 전략." 『선교와 신학』 제8집. 서울 : 장로회신학대학교 출판부, 2001.
3. 이형기. "총회 선교신학 정립 과정에 대한 성찰과 총회 선교신학의 과제." 『총회 국내선교부 자료집』. 총회 국내선교부, 2006.
4. 한국선교교육재단 편. 『세계 선교의 길라잡이』. 서울 : 케노시스, 2022.
5. 황순환. "21세기 총회 선교신학의 방향성과 과제." 『신학과 문화』 제16집. 대전신학대학교, 2007.

편집 후기

제106회 총회는 우리 교단의 신학적인 기준과 방향을 제시하고, 교단 신학의 정체성과 특성을 정리하기 위하여 교단신학위원회를 조직했습니다. 이 일을 위하여 본 위원회는 이미 발표된 신학성명서나 글들을 중심으로 2~3년 동안 기초적인 연구에 몰두하기로 하였습니다. 그러나 교회의 직분자로 세움 받는 임직자들에게 기본적인 우리 신학에 대한 바른 이해가 필요하다는 요청에 따라 『임직자 훈련을 위한 우리 신학의 뿌리와 줄기』를 출간하게 되었습니다.

서둘러 만들다 보니 걱정이 앞섭니다. 부족한 부분들은 지도하시는 교역자들이 채워 주시리라 믿습니다. 우리 교단은 한국교회 어머니 교단으로서의 긍지와 분명한 위치를 가지고 있고, 또 이 교재는 바른 신학의 뿌리와 근거를 밝히고 있어서 앞으로 우리 교단의 신학적인 방향 제시에도 큰 힘이 되리라 확신합니다. 따라서 교회의 임직자들을 위한 교육뿐만 아니라 노회나 교단 산하의 조직과 단체에서도 훈련교재로 많이 활용해 주실 것을 부탁드립니다.

이 일을 위해 수고해 주신 여러 분들에게 다시 한 번 감사를 드립니다. 이 작은 책자가 교단 신학의 정체성 확립과 학문적 연구뿐만 아니라 한국교회의 평신도운동에도 크게 기여할 수 있게 되기를 바랍니다.

2022년 9월
교단신학위원회 위원장
손윤탁 목사

집필진 소개

손윤탁 목사
남대문교회 위임목사 | 장로회신학대학교 신학박사 | 영남대학교(동양철학) 철학박사 | 한국선교신학회 학회장 역임 | 교단신학위원회 위원장

조택현 목사
광주 서남교회 위임목사 | 장로회신학대학교 신학박사 | 장로회신학대학교 겸임교수 역임 | 호남신대, 대전신대, 서울장신대 초빙교수 | 교단신학위원회 위원

민경운 목사
성덕교회 위임목사 | 장로회신학대학교 신학박사 | 미국 풀러 신학대학원 객원교수 장로회신학대학교 겸임/초빙교수 | 서울장신대학교 이사장 직무대행 역임

배요한 목사
신일교회 위임목사 | 성균관대학교 대학원(유교철학) 문학석사 | 미국 보스턴 대학교 철학박사 | 장로회신학대학교 교수 역임 | 장로회신학대학교 겸임교수

김만준 목사
덕수교회 위임목사 | 장로회신학대학교(조직신학) 석사 | 독일 빌레펠트 대학교 신학박사 | 장로회신학대학교 겸임교수 | 서울장신대학교 법인이사

노영상 목사
한국외항선교회 상임회장 | 호남신학대학교 총장 역임 | 장로회신학대학교 신학대학원장 역임 | 한국기독교학회 회장 역임 | 전국신학대학협의회 회장 역임

원도진 목사
부산 동신교회 위임목사 | 미국 프린스턴 신학교 신학석사 | 미국 드류 대학교 철학박사 수료 | 부산장신대학교 겸임교수 | 미국 콜럼비아 신학교 객원교수

최광우 목사
양일교회 위임목사 | 숭실대학교 대학원(신학석사) | 장로회신학대학교 목회신학박사 | 한국선교교육재단 내일세대교육위원장 | 총회세계선교대학 전문강사

김예식 목사
예심교회 위임목사 | 장로회신학대학교(목회상담학) 신학박사 | 한국목회상담협회(KAPC) 감독 | 미국임상목회협회(ACPE) 임상회원 | 총회 여성위원장(100-101회기) | 강남노회 노회장 역임

김치성 목사
일산소망교회 협동목사 | 한남대학교(기독교교육학) 철학박사 | 장로회신학대학교 겸임교수 역임 | 대전신학대학교 겸임교수 역임 | 총회 교육자원부 총무 역임

최무열 목사
부산 대지교회 위임목사 | 영국 웨일즈 대학교 철학박사 | 숭실대학교 대학원(사회복지학) | 부산장신대학교 총장 역임 | 교단신학위원회 전문위원

김윤태 목사
신성교회 위임목사 | 미국 풀러 신학교(목회학석사/신학석사) | 영국 킹스칼리지런던 철학박사 | 미얀마 Servanthood Bible College(설립자, 교수) | 대전신학대학교 겸임교수

황순환 목사
서원경교회 위임목사 | 한남대학교 대학원 철학박사 | 대전신학대학교 총장 역임 | 한국선교신학회장 및 한국기독교학회 중앙위원 역임 | 한국선교교육재단 이사장

임직자 훈련을 위한
우리 신학의
뿌리와 줄기

초판발행	2022년 9월 13일
3쇄발행	2024년 4월 30일
지 은 이	교단신학위원회 편
펴 낸 이	진호석
발 행 처	한국장로교출판사
주 소	03128 / 서울시 종로구 대학로3길 29, 신관 4층(연지동, 총회창립100주년기념관)
편 집 국	(02) 741-4381 / 팩스 741-7886
영 업 국	(031) 944-4340 / 팩스 944-2623
홈페이지	www.pckbook.co.kr
인스타그램	pckbook_insta **카카오채널** 한국장로교출판사
등 록	No. 1-84(1951. 8. 3.)

책임편집 정현선
편집 이슬기 김은희 이가현 강수지   **디자인** 남충우 김소영 남소현
경영지원 박호애 서영현   **마케팅** 박준기 이용성 성영훈 이현지

ISBN 978-89-398-4452-0
값 13,000원

※ 이 출판물은 저작권법에 의해 보호를 받는 저작물이므로 무단전재와 무단복제를 할 수 없습니다.